Matherhorn

111 Aufgaben zur Begabtenförderung

Band 1

Franz Amann

Ernst Klett Schulbuchverlag

1. Auflage 1 5 4 3 2 1 | 1995 94 93 92 91

Alle Drucke dieser Auflage können im Unterricht nebeneinander benutzt werden, sie sind untereinander unverändert. Die letzte Zahl bezeichnet das Jahr dieses Druckes.

Anfragen bitte an die Verlagsredaktion Mathematik

Zeichnungen: Schlierf, Hannover
Satz: Formelsatz Steffenhagen, Königsfeld
Druck: Druckhaus Götz, Ludwigsburg

ISBN 3-12-722110-X

Inhalt

Vorwort für Erwachsene

Die Mathematik ist eine Mausefalle.
Wer einmal in dieser Falle gefangen ist,
findet selten den Ausgang, der
zurück in seinen vormathematischen
Seelenzustand leitet.

COLERUS, 1888 – 1939

Faszination und Schönheit der Mathematik sind zwei wesentliche Gesichtspunkte, die in diese Falle locken und stets aufs neue begeistern.
Faszination und Schönheit sind unzweifelhaft aber auch Eigenschaften der Mathematik, die sich erst durch aktive Beschäftigung mit mathematischen Fragen und Problemen erschließen.
Die Beschäftigung mit Problemen, deren Lösungsweg nicht sofort erkennbar ist, sollte zu einer regelmäßigen Gewohnheit werden. Sie hält den Geist fit und die Begeisterung für die Mathematik wach.
Die Bandbreite möglicher Aufgabenstellungen reicht von unterrichtsnahen Problemen als Einstieg bis zu Wettbewerbsaufgaben aus der Internationalen Mathematik-Olympiade für Spezialisten. Diese Aufgabensammlung ist in der Hoffnung zusammengestellt, Lehrer und Schüler aus allen Klassenstufen zur Beschäftigung mit mathematischen Problemen zu ermutigen.
Das Lösen mathematischer Probleme ist eine praktische Kunst, die ebenso erlernbar ist wie z.B. das Spielen eines Instruments oder die Ausübung einer Sportart. In diesen Fällen ist es allgemein akzeptiert, daß man bei den ersten Versuchen noch keine Meisterleistungen erwarten kann und nur beharrliches, sich kontinuierlich steigerndes Training zum Erfolg führt. Zahlreiche Gespräche mit Preisträgern mathematischer Wettbewerbe bestätigen diese Beobachtung. So berichten die Jugendlichen immer wieder, daß nach der Überwindung von Anfangsschwierigkeiten mit jedem gelösten Problem die Sicherheit, das Selbstbewußtsein und das Durchhaltevermögen wächst. Während zu Beginn das Nachahmen, Einüben und Variieren von Lösungensmethoden im Vordergrund stehen, wächst zunehmend die Fähigkeit zur Kombination verschiedener Methoden und Verfahren und damit zum kreativen Problemlösen.
In der Hinführung zum problemlösenden Denken sehe ich eine wirksame Methode, Schülern schon recht früh die Erfahrung zu vermitteln, daß die Mathematik auch etwas mit Beobachten und Experimentieren zu tun hat. So kann bereits in der Unterstufe dem Mißverständnis begegnet werden, daß die Mathematik

im wesentlichen nur eine Auflistung feststehender Regeln und eine Folge von Fertigkeiten sei.
Durch eine veränderte Gewichtung läßt sich nach meiner Erfahrung ausreichend Zeit für einen problemorientierten Unterricht schaffen. Häufig genügen bereits wenige Minuten pro Woche, um den normalen Übungsteil durch die eine oder andere Aufgabe zu ergänzen, zu deren Lösung eine pfiffige Idee notwendig ist. Ein gewisser Grad an Unabhängigkeit vom Schulstoff fördert zusätzlich Originalität und Kreativität.
Die vorliegende Aufgabensammlung ist aus einer Reihe von mathematischen Arbeitsgemeinschaften, Seminaren mit besonders interessierten und begabten Schülern und der Betreuung der Aufgabenecke einer mathematischen Schülerzeitung entstanden. Der Erarbeitung von Lösungsmethoden muß mindestens der gleiche Stellenwert eingeräumt werden wie dem Erwerb von Kenntnissen, um eine effektive Förderung mathematischer Begabungen zu erreichen. Aus diesem Grunde sind einige Lösungen mit kommentierenden Hinweisen zum Lösungsweg versehen. In anderen Fällen sollen verschiedene Lösungsansätze die Methodenvielfalt verdeutlichen und damit die Fähigkeit zum Problemlösen erweitern.
Ich habe mich bemüht, die Aufgaben möglichst kurz und prägnant zu formulieren, und deshalb in der Regel auf verschlüsselnde Einkleidungen verzichtet. Dadurch können die Aufgaben unmittelbar als Ergänzung des normalen Unterrichts verwendet werden.
Die 111 Aufgaben sind in zwei Teile gegliedert.
Unter der Bezeichnung "Systematisches Probieren" sind 50 Aufgaben zusammengefaßt, die als Grundstock für eine Arbeitsgemeinschaft mit Schülern der Unter- und Mittelstufe geeignet sind. Sie lassen sich aber auch im Sinne eines binnendifferenzierten Unterrichts oder als alternative Hausaufgaben für geeignete Schüler einzeln in den entsprechenden Klassenstufen einsetzen. Durch eine offene Formulierung sind die Schüler zunächst einmal aufgefordert, eine Problemstellung experimentell zu lösen oder eine Gesetzmäßigkeit zu entdecken, die Beobachtungen zu verallgemeinern und gegebenenfalls zu beweisen.
Im zweiten Teil schließen sich 61 Aufgaben aus verschiedenen Teilbereichen der Mathematik an. Diese Aufgaben können einerseits zur Vertiefung des aktuellen Unterrichtsstoffs eingesetzt werden. Gerade die Aufgaben, zu deren Lösung die Kenntnisse aus zwei oder gar drei Teilgebieten erforderlich sind, bieten andererseits die Möglichkeit, verschiedene Lösungsmethoden zu verknüpfen und damit eine wichtige Arbeitsweise der Mathematik zu verdeutlichen.
Ich danke Herrn Dr. Ruske für die hilfreichen Anregungen und Anmerkungen bei der Entstehung dieses Buches, Herrn Oettinger für die wiederholte Ermutigung, diese Sammlung zu veröffentlichen, meiner Frau für viele Hinweise auf Verbesserungsmöglichkeiten in Details und dem Verlag für die gute Zusammenarbeit.

Vorwort für Jugendliche

> Jede Aufgabe, die ich löste, wurde zu einer Regel, die später zur Lösung anderer Aufgaben diente.
>
> DESCARTES, Discours de la Methode

Im Sport oder beim Spielen eines Instruments wird niemand von einem Anfänger Meisterleistungen erwarten. Auch dem Laien ist klar, daß nur ausdauerndes Training mit steigenden Anforderungen zum Erfolg führt.

Das Hören der meisterhaften Interpretation eines Klavierkonzerts oder das Mitfiebern bei der Übertragung eines spannenden Fußballspiels sind kein Ersatz für das eigene Bemühen. Klavierspielen kann man eben nur dadurch erlernen, daß man sich regelmäßig ans Instrument setzt, und die Technik beim Fußballspielen läßt sich nicht dadurch perfektionieren, daß man anderen beim Spielen zuschaut.

Bei Seminaren mit Preisträgern mathematischer Wettbewerbe bestätigen mir die Jugendlichen immer wieder, daß es auch beim Lösen mathematischer Probleme diesen Trainingseffekt gibt. Nach der Überwindung der Anfangsschwierigkeiten und der Hemmschwelle, sich überhaupt mit Wettbewerbsaufgaben auseinanderzusetzen, wächst mit jedem gelösten Problem die Sicherheit, das Selbstbewußtsein und das Durchhaltevermögen. Aus dem Nachahmen, Einüben und Variieren von Lösungsmethoden entwickeln sich zunehmend die Fähigkeit zur Kombination verschiedener Methoden und Verfahren und damit zum kreativen Problemlösen.

Diese Aufgabensammlung enthält insgesamt 111 Aufgaben, die teilweise bereits ab Klassenstufe 5 gelöst werden können. Durch die Einteilung in drei Schwierigkeitsstufen gibt es unterschiedliche Einstiegsmöglichkeiten.

Einige Lösungen zu schwierigen Aufgaben sind mit Hinweisen zum Lösungsweg versehen. In anderen Fällen sollen verschiedene Lösungsansätze die Methodenvielfalt verdeutlichen und damit die Fähigkeit zum Problemlösen erweitern.

Die Aufgabensammlung ist aus einer Reihe von mathematischen Arbeitsgemeinschaften, Seminaren mit Schülern und der Betreuung der Aufgabenecke einer mathematischen Schülerzeitung entstanden. Sie ist in zwei Abschnitte gegliedert.

Unter der Bezeichnung "Systematisches Probieren" sind 50 Aufgaben zusammengefaßt, die zunächst einmal zum Beobachten, Experimentieren und Verallgemeinern auffordern. Erst danach soll dann die gefundene Gesetzmäßigkeit bewiesen werden. Im zweiten Teil schließen sich 61 Aufgaben aus verschiedenen Teilbereichen der Mathematik an. Diese Aufgaben können als Ergänzung zum normalen Unterricht bearbeitet werden.

Hinweise zur Klassifikation der Aufgaben und zum Register

Zur Erleichterung der Auswahl und für einen raschen Überblick ist jeder Aufgabe eine Klassifikation vorangestellt.

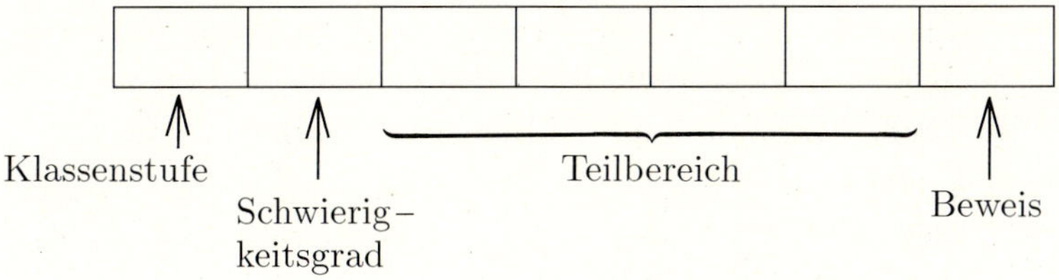

Neben einer Einteilung in die Teilbereiche Arithmetik, Algebra, Geometrie und Kombinatorik/Wahrscheinlichkeitsrechnung enthält die Kennzeichnung noch Hinweise auf die Klassenstufe und den Schwierigkeitsgrad. Die angegebene Klassenstufe ist als untere Grenze anzusehen. In der Regel stehen ab dieser Klassenstufe die erforderlichen mathematischen Kenntnisse zur Verfügung. Selbstverständlich können diese Aufgaben auch noch später eingesetzt werden. Außerdem ist angegeben, ob zur Lösung der Aufgabe ein Beweis notwendig ist.
Zusätzlich sind stichwortartig notwendige und wesentliche Kenntnisse aufgeführt, die dem Leser und Löser die Auswahl geeigneter Aufgaben erleichtern sollen. Die meisten Stichworte sind selbsterklärend. Unter dem Begriff *Ortslinien* sind Mittelsenkrechte, Seitenhalbierende, Winkelhalbierende usw. zusammengefaßt.
Innerhalb der beiden Teile sind die Aufgaben nach Klassenstufen und dann nach Schwierigkeitsgrad geordnet, sofern nicht inhaltlich aufeinander aufbauende Probleme eine andere Reihenfolge nahelegten.
Das Register im Anhang erlaubt einen weiteren Zugang zu den einzelnen Aufgaben. Es ist nach Klassenstufen gegliedert und enthält nach Teilgebieten geordnet die verwendeten Stichworte. Hinter jedem Stichwort sind die entsprechenden Aufgaben aufgeführt. Das Zeichen "≫" hinter einer Aufgabe bedeutet, daß zur Lösung dieser Aufgabe auch Kenntnisse aus dem dort angegebenen Teilbereich erforderlich sind.
Erste Lösungshinweise ergeben sich bereits aus den angegebenen Stichworten. Außerdem sind zu den meisten Aufgaben weitere Lösungshinweise in einem getrennten Abschnitt angegeben. Sie helfen in der Regel beim Einsteig in den Lösungsweg oder beim Überwinden von speziellen Schwierigkeiten.

Bezeichnungen und Begriffe

Bezeichnungen

Darstellung einer Zahl im Dezimalsystem	$\overline{abcd} = 1000a + 100b + 10c + d$
$\mathrm{ggT}(a, b)$	größter gemeinsamer Teiler der Zahlen a und b
$\mathrm{kgV}(a, b)$	kleinstes gemeinsames Vielfaches der Zahlen a und b
Gerade	(AB)
Strecke	AB
Streckenlänge	$\overline{AB}$

Begriffe

Geometrisches Mittel	Sind a und b zwei positive reelle Zahlen, so ist $\sqrt{a \cdot b}$ das geometrische Mittel.
Ortslinien im Dreieck	Die *Seitenhalbierenden* eines Dreiecks schneiden sich in einem Punkt S. Dieser Punkt S heißt Schwerpunkt des Dreiecks und teilt die Seitenhalbierenden im Verhältnis $2:1$. Die *Winkelhalbierenden* eines Dreiecks schneiden sich in einem Punkt I. Dieser Punkt ist der Mittelpunkt des Inkreises. Alle Punkte einer Winkelhalbierenden haben von ihren Winkelschenkeln den gleichen Abstand. Die *Mittelsenkrechten* eines Dreiecks schneiden sich im Mittelpunkt U des Umkreises. Jeder Punkt P der Mittelsenkrechten einer Strecke AB hat von A und B den gleichen Abstand. Die *Höhen* eines Dreiecks schneiden sich in einem Punkt.
Quersumme	Summe der Ziffern einer Zahl
Satz des Thales	Jedes Dreieck, dessen Grundseite der Durchmesser eines Kreises ist, auf dem der dritte Eckpunkt liegt, ist rechtwinklig.
Schwerpunkt eines Dreiecks	Schnittpunkt der Seitenhalbierenden
teilerfremd	Zwei (oder mehr) Zahlen heißen teilerfremd, wenn ihr größter gemeinsamer Teiler 1 ist.

Systematisches Probieren

Zu allen Aufgaben dieser Serie gehört das Stichwort: Systematisches Probieren. Bei den einzelnen Aufgaben sind nur die ergänzenden Stichworte aufgeführt.

Aufgaben ohne Beweis

1. Aufgabe

5	■■	Ari				

natürliche Zahlen

7	■■		Alg			

Rechnen mit Variablen

Die Zahl 198 ist elfmal so groß wie ihre Quersumme.
Bestimme alle dreistelligen Zahlen, die 13mal so groß wie ihre Quersumme sind.

2. Aufgabe

5	■■	Ari				

Terme mit Variablen, natürliche Zahlen

7	■■		Alg			

Rechnen mit Variablen

Eine vierstellige Zahl $\overline{abcd}$ wird mit 4 multipliziert und ergibt die Zahl $\overline{dcba}$, d.h. die Reihenfolge der Ziffern wurde gerade umgedreht.
Wie heißt die gesuchte Zahl?

Erweiterung
Gibt es fünf-, sechs-, sieben-, acht- oder neunstellige Zahlen, bei denen durch die Multiplikation mit $5, 6, 7, 8$ bzw. 9 die Reihenfolge der Ziffern gerade umgedreht wird?

3. Aufgabe

5	■■	Ari				

Fallunterscheidung, Anzahlbestimmung, natürliche Zahlen

Wie viele dreistellige Zahlen $\overline{abc}$ gibt es, für die die Summe von zwei Ziffern gleich der verbleibenden Ziffer ist?

(Beispiel: 473, denn $4 + 3 = 7$)

Erwartet wird keine Aufzählung dieser Zahlen, sondern die Bestimmung der Anzahl mit Begründung.

4. Aufgabe

5	■■	Ari				

Fallunterscheidung, natürliche Zahlen, Anzahlbestimmung

Drei Spielwürfel werden gleichzeitig geworfen und anschließend nach der Anzahl der Augen so geordnet, daß für die Augenzahlen a, b und c die Bedingung $a \geq b \geq c$ gilt.
Jeder Wurf mit den drei Würfeln ergibt also eine dreistellige "Würfelzahl".
Wie viele verschiedene Zahlen $\overline{abc}$ gibt es?

5. Aufgabe

5	■■■	Ari				

natürliche Zahlen, Anzahlbestimmung

Wie groß ist die Summe aller fünfstelligen Zahlen, die man aus den Ziffern 1, 2, 3, 4 und 5 bilden kann?
Jede Ziffer darf in jeder Zahl nur einmal verwendet werden.

6. Aufgabe

5	■			Geo		

räumliches Vorstellungsvermögen, Fallunterscheidung

Ein Würfel wird durch einen ebenen Schnitt in zwei Teilkörper zerlegt. Dies ist auf verschiedene Arten möglich.

Die Abbildung zeigt eine Zerlegung in zwei Teilkörper, bei der die Eckenzahl um 6 größer ist als beim Würfel.
Um wieviel erhöht sich die Eckenzahl der beiden Körper im Vergleich zum Würfel mindestens, um wieviel höchstens? Sind alle Zwischenwerte möglich?

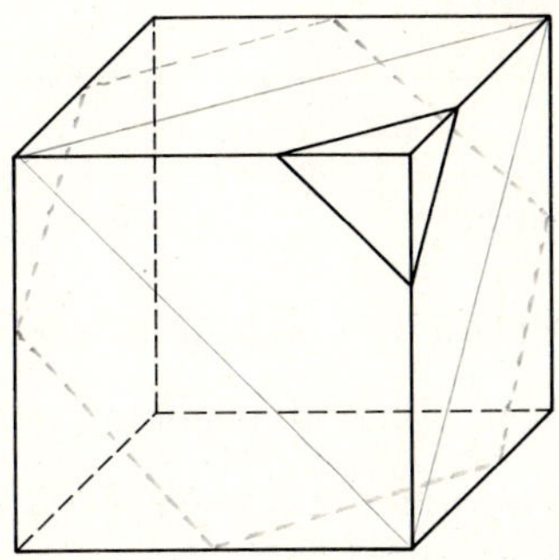

7. Aufgabe

5	■■					

Anzahlbestimmung, Fallunterscheidung

Ein Springer soll auf dem Schachbrett von seinem normalen Standort aus in möglichst wenigen Zügen die gegenüberliegende Grundlinie erreichen.
Wie viele Züge sind erforderlich?
Wie viele verschiedene Zugfolgen sind möglich?

8. Aufgabe

6	■	Ari				

Primfaktorzerlegung

Finde einen Weg von A nach B derart, daß das Produkt der dabei überquerten Zahlen 352 800 beträgt.
Jede Zahl darf nur einmal überquert werden.

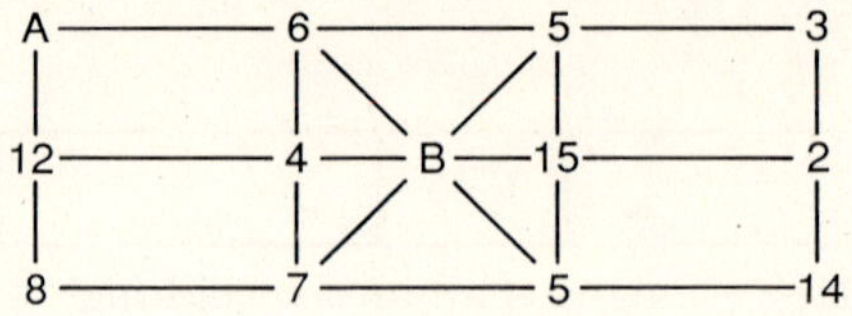

9. Aufgabe

6	■■	Ari				

Teilbarkeit

Bestimme die kleinste Zahl mit folgenden Eigenschaften:

a) Sie selbst und ihre Quersumme sind durch 3 und durch 5 teilbar.

b) Die Zahl besteht nur aus den Ziffern 3 und 5, wobei jede dieser Ziffern mindestens einmal vorkommt.

10. Aufgabe

6	■■	Ari				

Teilbarkeit, Anzahlbestimmung

Wie viele sechsstellige Zahlen, in denen jede der Ziffern 1, 2, 3, 4, 5 und 6 genau einmal vorkommt, sind durch 3, aber nicht durch 9 und durch 4, aber nicht durch 8 teilbar?

11. Aufgabe

6	■	Ari				

Primfaktorzerlegung, Bruchrechnen, Fallunterscheidung

Gesucht sind alle Brüche mit dem Wert $\frac{2}{5}$, bei denen die Summe aus Zähler und Nenner eine Quadratzahl mit höchstens drei Ziffern ist.

12. Aufgabe

6	■■■	Ari				

Terme mit Variable, Teilbarkeit, Bruchrechnen, Fallunterscheidung

8	■■	Ari	Alg			

Gleichung, Teilbarkeit, Fallunterscheidung, Rechnen mit Variablen

Ein Bruch mit dem Zähler 1 heißt Stammbruch.
Welcher der Brüche $\frac{1}{9}, \frac{2}{9}, \ldots, \frac{8}{9}$ läßt sich als Summe von zwei verschiedenen Stammbrüchen darstellen?
Bei welchen der Brüche gibt es mehr als eine Möglichkeit?

13. Aufgabe

6	■■	Ari				

Teilbarkeit, Bruchrechnen, Terme mit Variablen

8	■■		Alg			Bew

Teilbarkeit, Gleichungssystem, Rechnen mit Variablen

Die Zahl 72 soll in drei natürliche Summanden a, b und c zerlegt werden. Zusätzlich soll die Summe aus dem fünften Teil des ersten Summanden, dem sechsten Teil des zweiten Summanden und dem siebten Teil des dritten Summanden 13 betragen.

a) Weise nach, daß a ein Vielfaches von 5, b ein Vielfaches von 6 und c ein Vielfaches von 7 sein muß.

b) Bestimme alle Lösungen $(a/b/c)$.

14. Aufgabe

6	■■■	Ari				

Teilbarkeit, Terme mit Variablen, Fallunterscheidung

Eine dreistellige Zahl mit der Hunderterziffer a, der Zehnerziffer b und der Einerziffer c werde mit $\overline{abc}$ bezeichnet. Für ihre Ziffern sollen folgende Bedingungen gelten:

I $\quad 3a + b + c = \overline{cb} + 9$

II $\quad \overline{abc} = \overline{acb} + 27$

III $\quad \overline{abc}$ und $\overline{cba}$ sind beide durch 7 teilbar.

Wie heißt die gesuchte Zahl?

15. Aufgabe

6	■■■	Ari				

Primfaktorzerlegung

Bestimme die kleinste und die größte siebenstellige Zahl, die durch alle Zahlen 2, 3, 4, 5, 6, 7, 8, 9 und 10 teilbar ist.

Erweiterung
Weise nach, daß es für jede natürliche Zahl n entweder keine oder mindestens 12 siebenstellige Zahlen gibt, die durch alle Zahlen 2, 3, 4, ..., n teilbar sind.

16. Aufgabe

6	■■■	Ari				

Primfaktorzerlegung, Fallunterscheidung

Das kleinste gemeinsame Vielfache von drei Zahlen hat die Primfaktorzerlegung $2^3 \cdot 3^3 \cdot 5^2 \cdot 7$. Der größte gemeinsame Teiler dieser Zahlen ist 90.
Wie heißen die drei Zahlen, wenn die zweitgrößte von ihnen eine Quadratzahl ist? Gib alle Möglichkeiten an.

17. Aufgabe

6	■■■	Ari				

Primfaktorzerlegung

Unter dem Zeichen $n!$ (gelesen: n Fakultät) versteht man das Produkt der ersten n natürlichen Zahlen.

$$\text{Beispiel:}\quad 6! = 1 \cdot 2 \cdot 3 \cdot 4 \cdot 5 \cdot 6 = 720$$

Durch welche Potenz von 999 ist 1000! teilbar?

18. Aufgabe

6	■■■	Ari				

Primfaktorzerlegung, Teilbarkeit, Fallunterscheidung

Es sind alle natürlichen Zahlen n zu ermitteln, die durch 30 teilbar sind und einschließlich 1 und n genau 30 Teiler haben.

19. Aufgabe

6	■■■			Geo		

Symmetrie

In einer Reihe von n Feldern setzen zwei Spieler abwechselnd Spielsteine.

Spielvariante 1
Ein Zug besteht darin, einen Stein in ein leeres oder zwei Steine in zwei *beliebige*, freie Felder zu legen.

Spielvariante 2
Ein Zug besteht darin, einen Stein in ein leeres Feld oder zwei Steine in zwei *benachbarte*, freie Felder zu legen.

Sieger ist bei beiden Varianten jeweils, wer das letzte leere Feld besetzen kann.
Gibt es für einen der beiden Spieler eine Gewinnstrategie?

20. Aufgabe

6	■■■			Geo		

Anzahlbestimmung, Symmetrie

Man kann acht Türme auf einem Schachbrett so aufstellen, daß sie sich gegenseitig nicht bedrohen.
Wie viele Möglichkeiten gibt es für eine punktsymmetrische Aufstellung?
Wie viele davon sind sogar drehsymmetrisch?
Die Abbildung zeigt eine dieser Möglichkeiten.

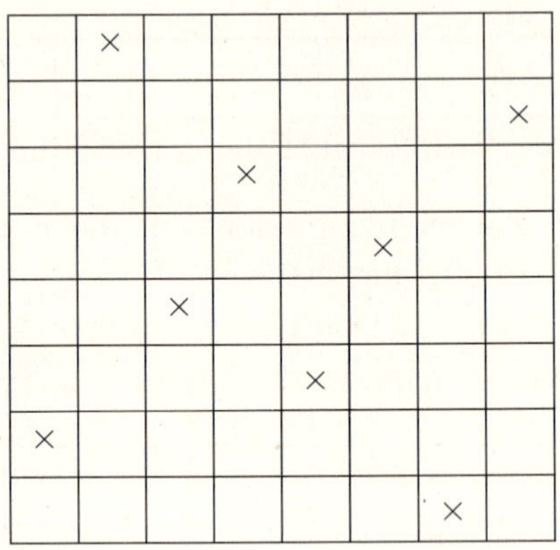

21. Aufgabe

7	■■			Geo		

Ortslinien, Symmetrie, Viereck, Konstruktion

Der Diagonalenschnittpunkt des Rechtecks $ABCD$ werde mit S bezeichnet. Bestimme die Lage aller Punkte P, für die die Streckenlängen $\overline{AP}, \overline{SP}, \overline{BP}$ usw. alle vier Ungleichungen gleichzeitig erfüllen.

$$\overline{AP} \geq \overline{SP}; \quad \overline{BP} \geq \overline{SP}; \quad \overline{CP} \geq \overline{SP}; \quad \overline{DP} \geq \overline{SP}$$

Welche geometrische Eigenschaften hat die Punktmenge?

22. Aufgabe

8	■■			Geo		

Fallunterscheidung, Kongruenz, Ortslinien, Konstruktion

Zeichne drei Geraden g, h und l, die sich in einem Punkt P schneiden.
Wähle auf g einen Punkt A und konstruiere ein Dreieck ABC so, daß B auf h und C auf l liegen und P der Mittelpunkt des Umkreises ist.
Wie viele nicht-kongruente Lösungen gibt es höchstens?
Wie hängt ihre Anzahl von der gegenseitigen Lage der drei Geraden ab?

23. Aufgabe

8	■■			Geo		

Fallunterscheidung, Ortslinien, Kongruenz

Zeichne drei Punkte A, B und C, die nicht auf einer Geraden liegen.
Gibt es eine Gerade, von der alle drei Punkte den gleichen Abstand haben?
Ist die Lösung eindeutig?

24. Aufgabe

8	■■■			Geo		

Fallunterscheidung, Ortslinien, Kreis, Konstruktion

Gegeben sind drei Geraden. Man zeichne einen Kreis, der zwei Geraden berührt und dessen Mittelpunkt auf der dritten Geraden liegt.
Für welche Lagen der Geraden ist die Konstruktion nicht durchführbar?
Wie viele Lösungen gibt es in den anderen Fällen?

25. Aufgabe

9	■■			Geo		

Viereck, Flächeninhalt

Ein Rechteck wird durch 35 Stecknadeln in fünf Reihen zu jeweils sieben Stück in 24 Quadrate zerlegt. (Abb. a)

Abb. a

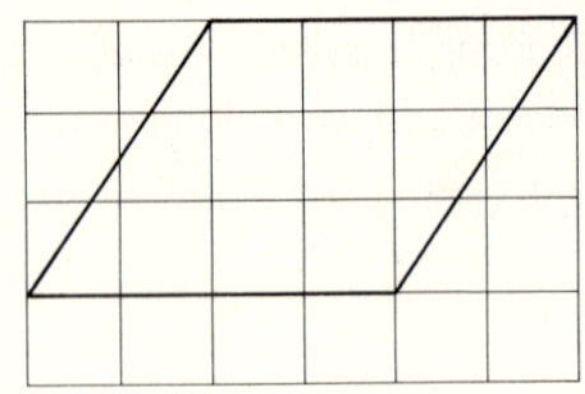

Abb. b

Ein Gummiring wird um die Nadeln gelegt und grenzt dadurch ein Gebiet ab. (Abb. b)
Wie viele nicht deckungsgleiche Parallelogramme gibt es, wenn genau die Hälfte der Rechteckfläche im Innern des Gebietes liegen soll.

26. Aufgabe

9	■■■			Geo		

Kongruenz, Satzgruppe des Pythagoras,
Erkennen einer Gesetzmäßigkeit

Im ersten Feld eines rechtwinkligen Koordinatensystems wird ein Quadrat der Seitenlänge a so bewegt, daß A auf der y-Achse und B auf der x-Achse liegen.
Beschreibe die Linie, die bei dieser Bewegung vom Diagonalenschnittpunkt des Quadrates durchlaufen wird.

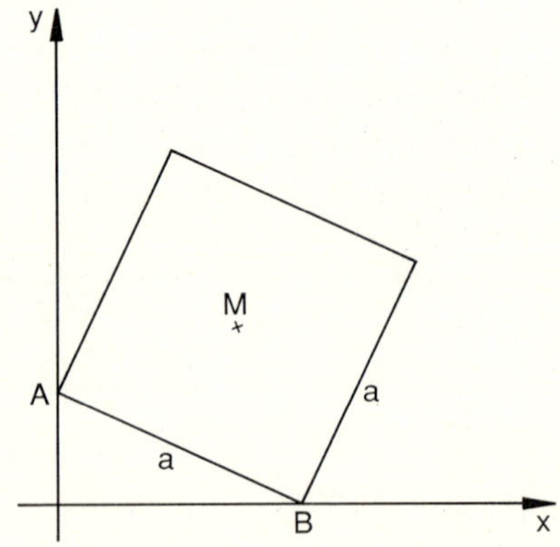

27. Aufgabe

9	■■			Geo		

Fallunterscheidung, Ortslinien
zentrische Streckung/Strahlensatz, Dreieck, Viereck

In einem beliebigen Dreieck ABC sei P ein Punkt der Seite BC und Q ein Punkt der Seite AC.
Wo liegen alle Mittelpunkte der Strecke PQ, wenn P und Q die Seiten BC bzw. AC durchlaufen?

28. Aufgabe

9	■■■			Geo		

Kreis, räumliches Vorstellungsvermögen,
Satzgruppe des Pythagoras, Satz des Thales,
Fallunterscheidung, Dreieck, Erkennen einer Gesetzmäßigkeit, Ortslinien

Gegeben ist ein Würfel, dessen Eckpunkte mit A, B, C, D, A', B', C' und D' bezeichnet sind.
Wo liegen alle Mittelpunkte der Strecke PQ, wenn $\overline{PQ}$ mit der Kantenlänge a des Würfels übereinstimmt, P auf AA' und Q auf der Seitenfläche $A'B'C'D'$ liegen?

29. Aufgabe

9	■■■			Geo		

Ortslinien, räumliches Vorstellungsvermögen, Ähnlichkeit,
Kreis, Satzgruppe des Pythagoras, Rechnen mit Variablen

Jens und Dirk sehen von ihrem Boot aus die Spitze S eines Leuchtturms ($h = 30\,\mathrm{m}$) unter dem gleichen Höhenwinkel wie die Fahnenspitze F ($f = 10\,\mathrm{m}$) auf dem Dach der Strandwacht auf der gegenüberliegenden Seite der Bucht.
Auf welchem Kurs müssen sie das Boot halten, wenn der Höhenwinkel von F und S stets übereinstimmen soll?

Anmerkung
Die Krümmung des Sees als Teil der Erdoberfläche soll nicht berücksichtigt werden.

Aufgaben mit Beweis

30. Aufgabe

5	■■	Ari				

Terme mit Variablen, Erkennen einer Gesetzmäßigkeit, natürliche Zahlen

8	■	Ari				Bew

Rechnen mit Variablen, Erkennen einer Gesetzmäßigkeit

Überprüfe, ob die folgenden Aussagen wahr sind. Suche nach einer Gesetzmäßigkeit und beweise sie.

$$\begin{aligned} 1 &= 1 \\ 2+3+4 &= 9 \\ 3+4+5+6+7 &= 25 \\ 4+5+6+7+8+9+10 &= 49 \end{aligned}$$

31. Aufgabe

5	■■	Ari				

Terme mit Variablen, natürliche Zahlen, Erkennen einer Gesetzmäßigkeit

8	■	Ari	Alg			Bew

Gleichung, Erkennen einer Gesetzmäßigkeit, Rechnen mit Variablen

Die Differenz von zwei natürlichen Zahlen soll gerade das arithmetische Mittel der beiden Zahlen sein, wie dies bei 6 und 2 der Fall ist, denn es gilt $6 - 2 = (6 + 2) : 2$. Bestimme weitere Zahlenpaare, stelle eine Vermutung auf und beweise diese.

Anmerkung
Addiert man zwei Zahlen a und b, so bezeichnet man die Hälfte dieser Summe als arithmetisches Mittel.

32. Aufgabe

5	■	Ari				

natürliche Zahlen, Erkennen einer Gesetzmäßigkeit

8	■	Ari				Bew

Erkennen einer Gesetzmäßigkeit, Teilbarkeit

Aus der zweistelligen Zahl 37 machen wir eine fünfstellige Zahl 37 037. Diese ist durch 91 teilbar.
Weise nach, daß jede fünfstellige Zahl der Form $\overline{ab0ab}$ durch 91 teilbar ist. Zwischen der zweistelligen Zahl $\overline{ab}$ und den Ergebnissen der Division besteht in allen Beispielen jeweils der gleiche Zusammenhang.
Welcher ist es?

33. Aufgabe

5	■■	Ari				

natürliche Zahlen, Erkennen einer Gesetzmäßigkeit

8	■■	Ari				Bew

Erkennen einer Gesetzmäßigkeit, Rechnen mit Varialben

Wähle zwei beliebige, aber verschiedene dreistellige Zahlen. Schreibe die erste Zahl einmal hinter die zweite und einmal vor die zweite. Es entstehen zwei sechsstellige Zahlen. Bilde die Differenz der beiden sechsstelligen Zahlen und dividiere sie durch die Differenz der beiden gewählten dreistelligen Zahlen.

Beispiel: 1. Zahl: 517 2. Zahl: 381
1. sechsstellige Zahl: 517 381
2. sechsstellige Zahl: 381 517

Berechne: $(517381 - 381517) : (517 - 381)$
Wiederhole den Vorgang mehrfach mit anderen gewählten Zahlen.
Beweise die Beobachtung.

34. Aufgabe

6	■■	Ari				

Erkennen einer Gesetzmäßigkeit, Bruchrechnen,
Terme mit Variablen

8	■	Ari				Bew

Erkennen einer Gesetzmäßigkeit, Rechnen mit Variablen

Durch die folgenden Gleichungen wird eine Gesetzmäßigkeit vorgegeben. Bestimme die nächsten vier Beispiele und überprüfe die Vermutung.
Formuliere diese Vermutung dann mit Variablen und beweise sie.

$$\frac{1}{1} = \frac{1}{2} + \frac{1}{2}; \qquad \frac{1}{2} = \frac{1}{3} + \frac{1}{6}$$
$$\frac{1}{3} = \frac{1}{4} + \frac{1}{12}; \qquad \frac{1}{4} = \frac{1}{5} + \frac{1}{20}$$

35. Aufgabe

5	■■			Geo		Bew

Anzahlbestimmung, Punkt/Gerade, Erkennen einer Gesetzmäßigkeit

Auf einem Blatt Papier sind 10 Punkte so festgelegt, daß keine drei (oder mehr) Punkte auf einer Geraden liegen. Jeder der 10 Punkte ist mit jedem anderen durch eine Strecke verbunden.
Wie viele Verbindungsstrecken gibt es?
Wie viele Verbindungsstrecken gibt es höchstens, wenn man n Punkte gezeichnet hat?

36. Aufgabe

5	■■			Geo		Bew

Anzahlbestimmung, Punkt/Gerade, Erkennen einer Gesetzmäßigkeit

Die sechs Geraden in der Abbildung haben sieben Schnittpunkte.

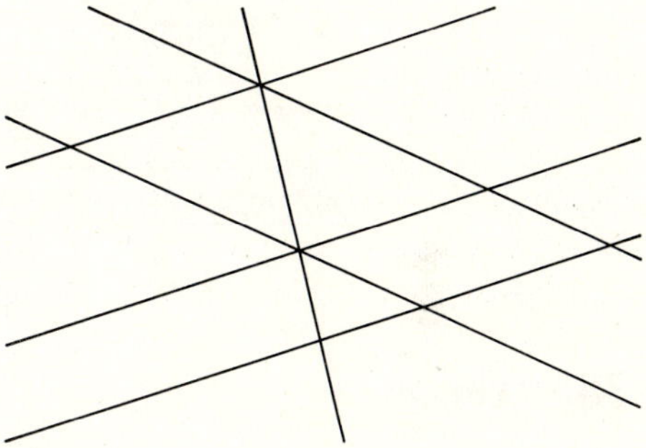

Einige dieser Geraden sind parallel zueinander. In anderen Fällen schneiden sich mehr als zwei Geraden in einem Punkt. Deshalb kann die Anzahl der Schnittpunkte, die durch sechs Geraden bestimmt sind, noch vergrößert werden.

Bestimme zunächst die größte Anzahl k von Schnittpunkten, die sechs Geraden aufweisen können.

Bestimme durch Probieren auch die maximale Anzahl der Schnittpunkte für andere Geradenzahlen.
Gib dann eine Formel für die maximale Anzahl von Schnittpunkten von n Geraden an.

37. Aufgabe

5	■■			Geo		Bew

Anzahlbestimmung, Term mit Variable,
Erkennen einer Gesetzmäßigkeit

Ein gleichseitiges Dreieck mit der Seitenlänge 1 m soll durch Streichhölzer (Länge 5 cm) in gleichseitige, gleich große Teildreiecke zerlegt werden. Jedes Dreieck wird genau durch drei Hölzchen begrenzt.
Bestimme die Anzahl der erforderlichen Hölzchen.
Verallgemeinere die Lösung für den Fall, daß eine Seite durch n Streichhölzer gebildet wird.

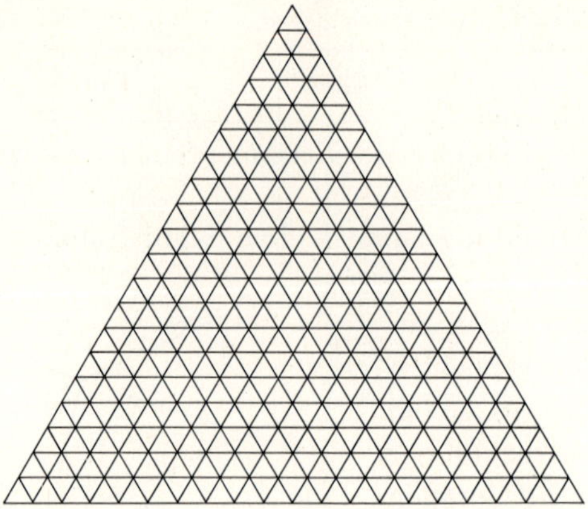

38. Aufgabe

5	■■			Geo		Bew

Anzahlbestimmung, Term mit Variable, Punkt/Gerade, Erkennen einer Gesetzmäßigkeit

Die drei Geraden in der Abbildung zerlegen die Ebene in sieben Gebiete. Bestimme zeichnerisch die maximale Anzahl von Gebieten bei 4, 5, 6, … Geraden.

Gib eine Formel an, mit der man aus der gegebenen Anzahl n der Geraden die maximale Anzahl der Gebiete berechnen kann.

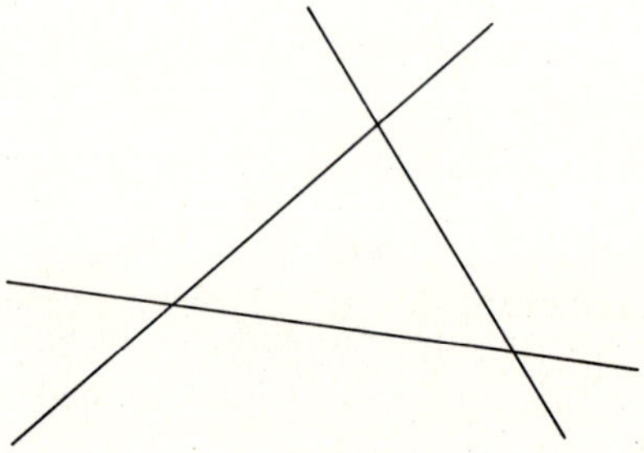

39. Aufgabe

5	■■			Geo		Bew

Anzahlbestimmung, Erkennen einer Gesetzmäßigkeit, Punkt/Gerade, Terme mit Variablen

Das Bild zeigt vier Geraden, von denen keine zwei zueinander parallel sind und von denen keine drei durch einen Punkt gehen. Die Schnittpunkte legen auf den Geraden acht Strecken fest, die im Inneren keinen weiteren Schnittpunkt aufweisen.

a) Wie viele Strecken sind es bei 5, 6, ... Geraden, die sich jeweils paarweise schneiden und von denen keine drei einen gemeinsamen Punkt besitzen?

b) Wie bestimmt man die Anzahl der Strecken bei n Geraden?

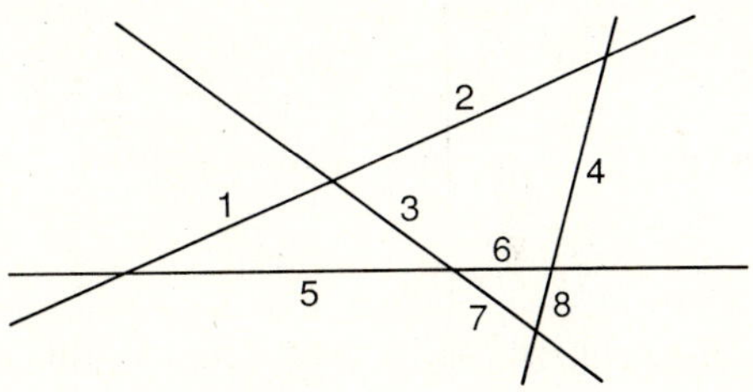

40. Aufgabe

5	■■■			Geo		

Anzahlbestimmung, Erkennen einer Gesetzmäßigkeit, Fallunterscheidung

8	■■			Geo		Bew

Anzahlbestimmung, Erkennen einer Gesetzmäßigkeit, Fallunterscheidung

Eine Ebene wird durch n Geraden in Teilgebiete zerlegt.
Wie viele unbeschränkte Gebiete gibt es höchstens?
Das Bild zeigt eine Zerlegung der Ebene durch vier Geraden in 8 nicht beschränkte Teilgebiete.

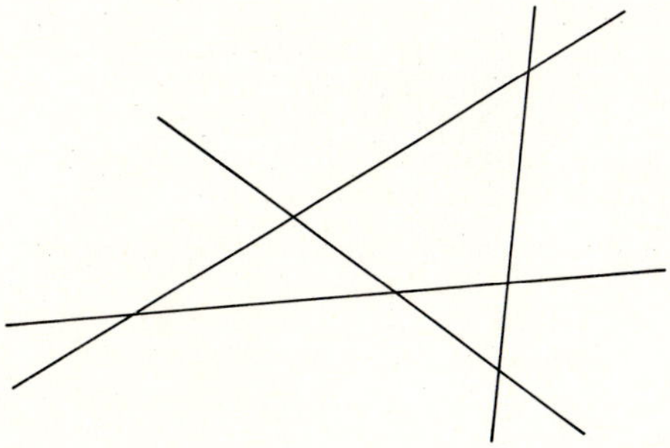

41. Aufgabe

8	■■■	Ari	Alg			Bew

binomische Formeln, Rechnen mit Variablen,
Erkennen einer Gesetzmäßigkeit

Beachte

$$3^2 + 4^2 = 5^2$$
$$5^2 + 12^2 = 13^2$$
$$7^2 + 24^2 = 25^2$$
$$9^2 + 40^2 = 41^2$$

Welche Gesetzmäßigkeit kann man aus diesen Beispielen ableiten?
Man prüfe die vermutete Gesetzmäßigkeit zunächst an einigen weiteren Beispielen nach, formuliere sie mit Variablen und beweise diese Gesetzmäßigkeit.

42. Aufgabe

8	■■■	Ari	Alg			Bew

binomische Formeln, Rechnen mit Variablen,
Erkennen einer Gesetzmäßigkeit

Ergänze die nachfolgenden Gleichungen um drei weitere Beispiele, formuliere eine Gesetzmäßigkeit mit Hilfe einer Variablen und beweise sie allgemein.

$$3^2 + 4^2 = 5^2$$
$$10^2 + 11^2 + 12^2 = 13^2 + 14^2$$
$$21^2 + 22^2 + 23^2 + 24^2 = 25^2 + 26^2 + 27^2$$
$$36^2 + 37^2 + 38^2 + 39^2 + 40^2 = 41^2 + 42^2 + 43^2 + 44^2$$

43. Aufgabe

8	■■■		Alg	Geo	Komb	Bew

Anzahlbestimmung, Erkennen einer Gesetzmäßigkeit

Welches ist die maximale Anzahl von Dreiecken, die man mit Hilfe von n sich schneidenden Geraden erzeugen kann? Das folgende Bild zeigt eine Figur aus fünf Geraden, in der insgesamt 10 Dreiecke (z.B. $\triangle ACK$, $\triangle BDF$ usw.) vorhanden sind.

Bestimme die Anzahl für 6, 7, 8, ... Geraden, versuche, eine Gesetzmäßigkeit für die Anzahl der Dreiecke bei n Geraden zu entdecken, und beweise sie.

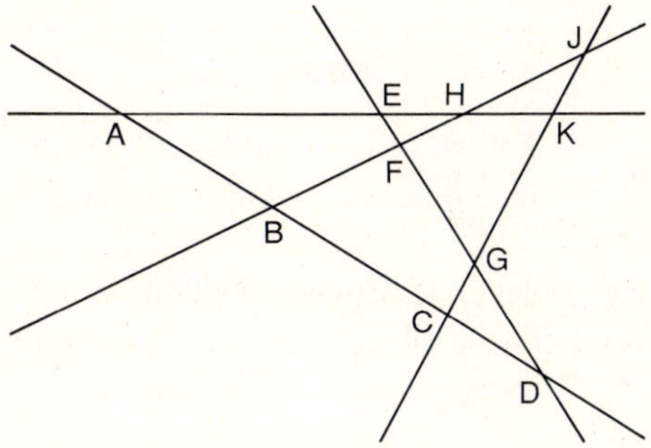

44. Aufgabe

8	■■	Ari	Alg			Bew

Teilbarkeit, Rechnen mit Variablen, Erkennen einer Gesetzmäßigkeit

Die Summe von drei aufeinanderfolgenden natürlichen Zahlen ist immer durch 3 teilbar.

Beispiel: $7 + 8 + 9 = 24 = 3 \cdot 8$

Die Summe von vier aufeinanderfolgenden Zahlen ist dagegen nie durch 4 teilbar.

Beispiel: $6 + 7 + 8 + 9 = 30$

Begründe die beiden Aussagen und bestimme weitere Anzahlen n, für die die Summe von n aufeinanderfolgenden natürlichen Zahlen durch n teilbar ist.

45. Aufgabe

8	■■■	Ari	Alg			Bew

binomische Formeln, Primfaktorzerlegung, Teilbarkeit

Für welche natürlichen Zahlen n ist $n^5 - n$ durch 120 teilbar?

46. Aufgabe

8	■■■	Ari	Alg			Bew

Teilbarkeit, binomische Formeln, Gleichungssystem, Erkennen einer Gesetzmäßigkeit

Für welche natürlichen Zahlen n sind $n^2 + 1$ und $(n + 1)^2 + 1$ nicht teilerfremd, und wie heißt in all diesen Fällen ein von 1 verschiedener gemeinsamer Teiler?
Die Aussagen sind zu begründen.

47. Aufgabe

8	■■■	Ari	Alg			Bew

binomische Formeln, Erkennen einer Gesetzmäßigkeit

Durch die folgenden Gleichungen wird eine Gesetzmäßigkeit vorgegeben.
Bestimme die nächsten vier Beispiele und überprüfe die Vermutung. Formuliere sie dann mit Variablen und beweise sie.

$$\begin{aligned} 6^2 - 5^2 &= 11 \\ 56^2 - 45^2 &= 1111 \\ 556^2 - 445^2 &= 111111 \\ 5556^2 - 4445^2 &= 11111111 \end{aligned}$$

48. Aufgabe

8	■■■		Alg	Geo		Bew

Anzahlbestimmung, Terme, räumliches Vorstellungsvermögen, Erkennen einer Gesetzmäßigkeit

Aus Tennisbällen soll eine Pyramide gestapelt werden. Die Grundfläche hat die Form eines gleichseitigen Dreiecke, wobei die Bälle der untersten Schicht durch einen Holzrahmen am Wegrollen gehindert werden. (Abb. a)

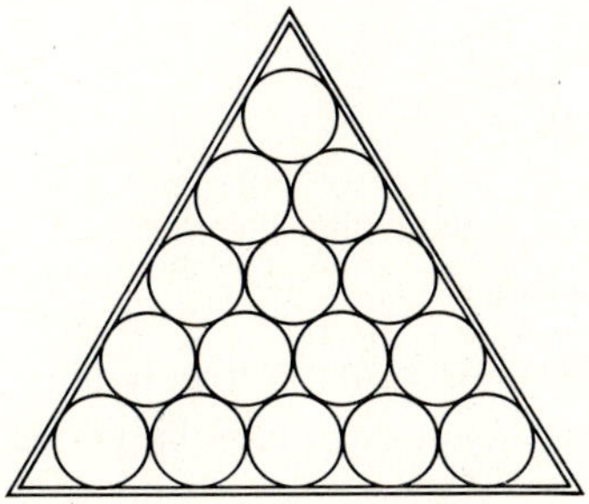
Abb. a

Abb. b

Auf jede Schicht wird eine neue so gelegt, daß jeweils drei Bälle der alten Schicht die Lage eines Balles aus der neuen Schicht festlegen. (Abb. b)
Wie viele Bälle werden benötigt, wenn längs der Kante in der untersten Schicht 6 Bälle liegen und die oberste Schicht nur aus einem einzigen Ball besteht?
Man erweitere diese Aufgabenstellung und bestimme eine Formel, mit deren Hilfe die Gesamtzahl der Tennisbälle bestimmt werden kann, wenn längs einer Kante in der unteren Schicht n Bälle liegen.

49. Aufgabe

9	■■		Alg			Bew

Binomische Formeln, Wurzel

Im Unterricht lernt man ein Verfahren kennen, den Nenner eines Bruches rational zu machen, wenn dieser Nenner aus zwei (teilweise) irrationalen Summanden besteht.
Beispiel:

$$\frac{1}{3+\sqrt{2}} = \frac{3-\sqrt{2}}{(3+\sqrt{2})\cdot(3-\sqrt{2})} = \frac{3-\sqrt{2}}{7}$$

Verändere das Verfahren so, daß ein Nenner mit drei (teilweise) irrationalen Summanden rational gemacht werden kann.
Beispiel:

$$\frac{1}{1+\sqrt{2}+\sqrt{3}}$$

50. Aufgabe

9	■■		Alg	Geo		Bew

Anzahlbestimmung, zentrische Streckung/Strahlensatz, Flächeninhalt, Dreieck, Erkennen einer Gesetzmäßigkeit

Aus gleichseitigen Dreiecken mit der Seitenlänge 1 kann man Sechsecke legen. Für das kleinste regelmäßige Sechseck benötigt man sechs Dreiecke.

a) Bestimme die Anzahl n der Dreiecke, aus denen man größere regelmäßige Sechsecke bilden kann, und beschreibe n in Abhängigkeit von der Seitenlänge des Sechseckes. (Abb. a)

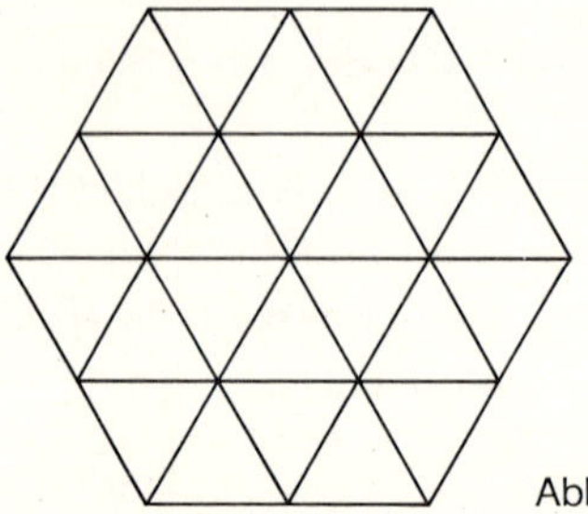
Abb. a

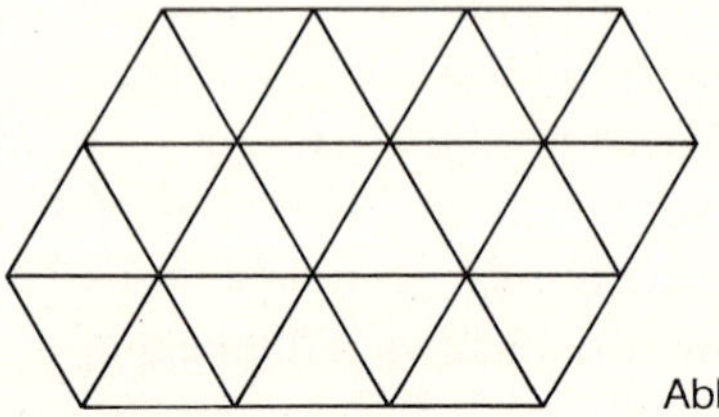
Abb. b

b) Auf die Eigenschaft "regelmäßig" wird verzichtet und nur noch gefordert, daß alle Innenwinkel des Sechseckes 120° betragen.
Abbildung b zeigt ein mögliches Sechseck dieser Art.
Welche Bedingung muß n erfüllen, damit ein Sechseck aus n Dreiecken zusammengesetzt werden kann?

Vermischte Aufgaben

51. Aufgabe

5	■	Ari				

natürliche Zahlen

Axel multipliziert fünf natürliche Zahlen miteinander und erhält als Produkt eine ungerade Zahl.
Ist die Summe dieser fünf Zahlen gerade oder ungerade?

52. Aufgabe

5	■	Ari				

natürliche Zahlen, Terme mit Variablen

8	■		Alg			

Gleichung, Rechnen mit Variablen

Zwischen zwei Zahlen a und b werden durch

$$a * b = 2 \cdot a \cdot b$$

und

$$a \# b = 2 \cdot a - b$$

zwei neue Rechenarten "$*$" und "$\#$" festgelegt.

a) Welcher der beiden Terme $(12 * 26) \# 8$ und $12 * (26 \# 8)$ hat den größeren Wert?

b) Bestimme alle Zahlen a, für die $a * a = a \# a$ gilt. (ab Klasse 8)

53. Aufgabe

5	■			Geo		

Flächeninhalt

Ein Quadrat mit der Seitenlänge 10 cm wird durch drei Strecken, die parallel zu den Seiten sind, in Rechtecke zerlegt.
Bestimme den Umfang des kleinsten und des größten Rechteckes, wenn A_2 doppelt so groß, A_3 dreimal und A_4 viermal so groß wie A_1 ist.

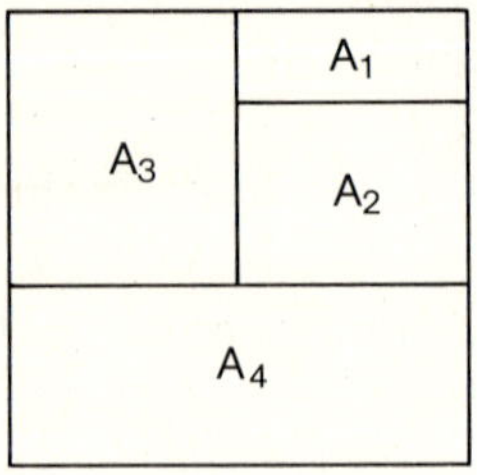

54. Aufgabe

5	■■			Geo		

Anzahlbestimmung, räumliches Vorstellungsvermögen, Fallunterscheidung

Aus 125 Würfelchen der Kantenlänge 1 cm, die jeweils vollständig schwarz oder weiß gefärbt sind, wird ein größerer Würfel zusammengesetzt.
Wie viele Würfelchen jeder Farbe muß es mindestens geben, wenn die sechs Seitenflächen des großen Würfels schachbrettartig gefärbt sein sollen?

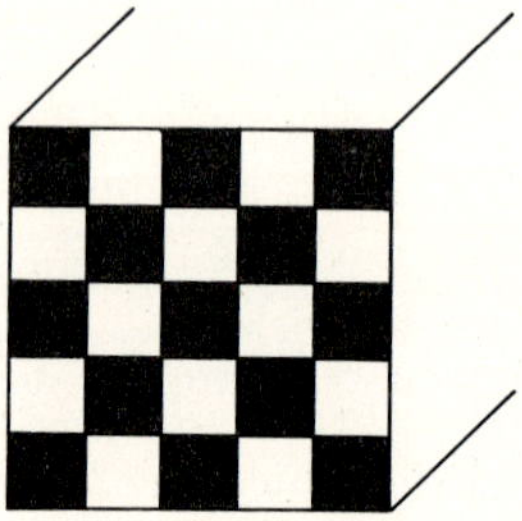

55. Aufgabe

5	■■			Geo		

räumliches Vorstellungsvermögen, Flächeninhalt, Volumen, Term mit Variablen

Einen Würfel der Kantenlänge 3 kann man aus 27 kleinen Würfeln zusammensetzen, von denen 54 Flächen sichtbar sind.

Bei einem anderen, aus kleinen Würfeln zusammengesetzten Würfel ist die Anzahl dieser Würfelchen *gleich* der Anzahl der sichtbaren Flächen der kleinen Würfel.
Aus wie vielen kleinen Würfeln besteht der große Würfel?

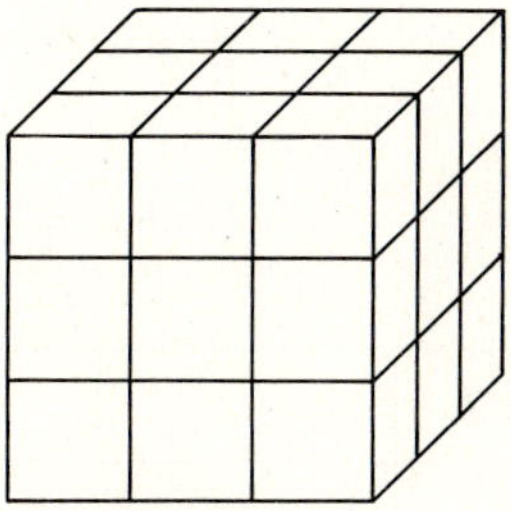

Weise nach, daß es auch große Würfel gibt, bei denen die Anzahl der sichtbaren Flächen gleich der Hälfte, gleich einem Drittel, einem Viertel ... der Anzahl der Würfelchen ist, aus dem der große Würfel zusammengesetzt wurde.
Welche Aussage kann man in diesen Fällen über die Anzahl der kleinen Würfelchen machen, die längs einer Kante liegen?

56. Aufgabe

5	■■			Geo		

räumliches Vorstellungsvermögen, Flächeninhalt

Ein Würfel mit der Kantenlänge 12 cm steht auf einer Tischplatte. Auf der Deckfläche des großen Würfels steht ein kleinerer, ohne über diese Fläche herauszuragen.

Wie groß ist die Kantenlänge des kleineren Würfels, wenn die *sichtbaren* Oberflächenteile der beiden Würfel flächengleich zur Gesamtoberfläche des großen Würfels sind?

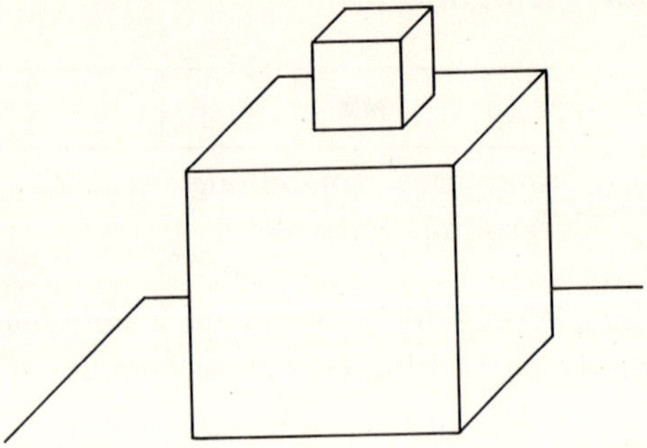

57. Aufgabe

5	■■			Geo		

räumliches Vorstellungsvermögen, Flächeninhalt, Volumen

Ein Würfel besteht aus 343 kleinen Würfelchen mit der Kantenlänge 1 cm. An den vier Eckpunkten der oberen Begrenzungsfläche werden Würfel von 1 cm, 2 cm, 3 cm bzw. 4 cm Kantenlänge entfernt.

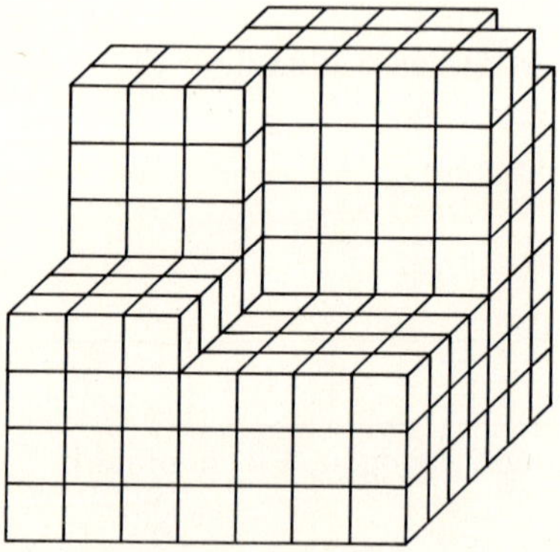

Bestimme das Volumen und den Oberflächeninhalt des Restkörpers.

58. Aufgabe

5	■■			Geo		

räumliches Vorstellungsvermögen

Aus jeweils vier Würfeln mit der Kantenlänge 1 cm sollen Körper zusammengesetzt werden. Dazu werden jeweils zwei Seitenflächen vollständig miteinander verklebt. Zwei Körper gelten als gleich, wenn sie durch Drehung oder Verschiebung ineinander übergeführt werden können.
Wie viele verschiedene Körper gibt es?

59. Aufgabe

5	■■■			Geo		

räumliches Vorstellungsvermögen

Ein Drahtstück ist mehrfach räumlich rechtwinklig gebogen. Das Bild zeigt eine, in einen Würfel eingezeichnete Möglichkeit.

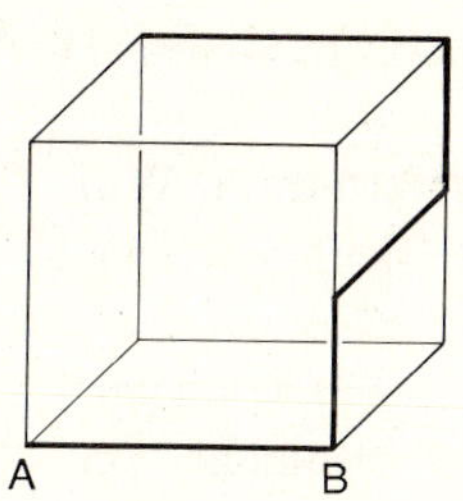

a) Zeichne den Draht in ein Würfelnetz der angegebenen Form ein.

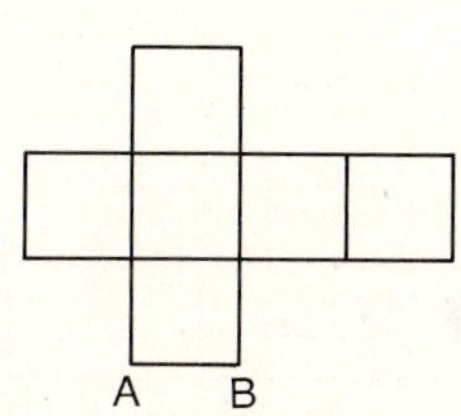

b) In einem anderen Würfel erscheint der gebogene Draht aus verschiedenen Blickrichtungen wie nachstehend angegeben.

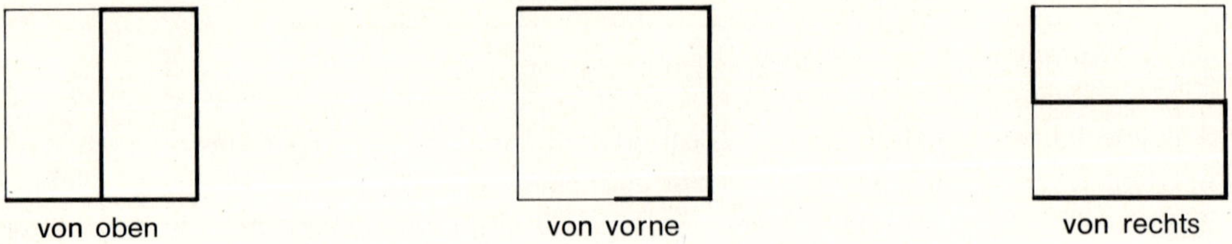

Zeichne den Drahtverlauf in das Schrägbild eines Würfels ein.

60. Aufgabe

5	■■■			Geo		

räumliches Vorstellungsvermögen

Von einem massiven Würfel der Kantenlänge a wird ein Würfel entfernt (siehe Abbildung).
Die Kantenlänge des entfernten Würfels ist ein Drittel der gegebenen Kantenlänge.
Zeichne die Ansicht des Restkörpers, wenn man von der nunmehr verschwundenen Ecke C' längs der Diagonalen nach A schaut.

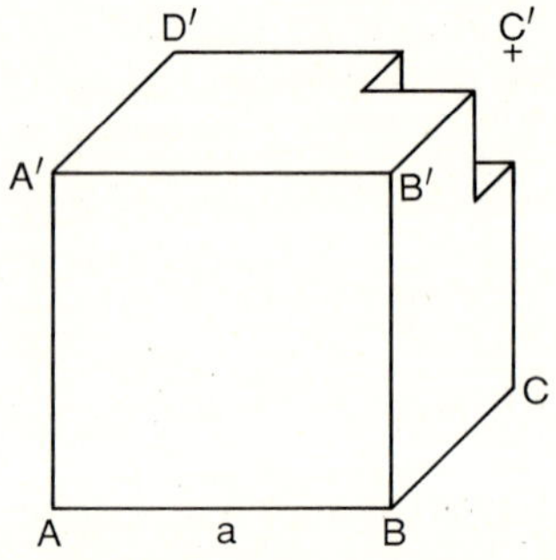

61. Aufgabe

5	■■	Ari				

Anzahlbestimmung, natürliche Zahlen, Erkennen einer Gesetzmäßigkeit

Um wieviel ist die Summe der ungeraden sechsstelligen Zahlen größer als die Summe der geraden sechsstelligen Zahlen?

62. Aufgabe

5	■■				Komb	

Systematisches Probieren, Anzahlbestimmung,
Fallunterscheidung, natürliche Zahlen,
Erkennen einer Gesetzmäßigkeit

Wie viele fünfstellige Zahlen $\overline{abcde}$ $(a \neq 0)$ haben die Eigenschaft, daß die Summe der ersten beiden Ziffern, die Summe der letzten beiden Ziffern und der Wert der mittleren Ziffer c übereinstimmen?

63. Aufgabe

5	■■■	Ari				

Anzahlbestimmung, natürliche Zahlen, Fallunterscheidung,
Erkennen einer Gesetzmäßigkeit

Wie groß ist die Summe aller Ziffern der sechsstelligen Zahlen?

64. Aufgabe

5	■■■				Komb	

Anzahlbestimmung, Fallunterscheidung

Ein Fahrradhändler hat acht Schlüssel und acht Schlösser in einer Kiste liegen. Es ist bekannt, daß zu jedem der Schlösser genau ein Schlüssel und zu jedem Schlüssel genau ein Schloß paßt.
Wie viele Versuche sind mindestens, wie viele höchstens erforderlich, um jedem Schlüssel ein Schloß zuzuordnen?

65. Aufgabe

5	■■■				Komb	

Anzahlbestimmung

In einem Gefäß befinden sich 3 schwarze, 8 rote und 13 grüne Kugeln. Bei völliger Dunkelheit sollen nun einige Kugeln entnommen werden.
Wie groß muß die Anzahl der zu entnehmenden Kugeln gewählt werden, damit sich mit Sicherheit nach Anschalten des Lichtes 6 Kugeln gleicher Farbe darunter befinden?

66. Aufgabe

5	■■■				Komb	

Anzahlbestimmung, Fallunterscheidung

Es gibt 28 Dominosteine, wenn für jedes Feld die Werte 0, 1, ..., 6 verwendet werden können und kein Wertepaar doppelt auftreten soll.

Neben diesen Dominosteinen gibt es auch Triominosteine, bei denen die Felder in Dreiecksform angeordnet sind.
Wie viele verschiedene Spielsteine gibt es theoretisch, wenn die Werte 0, 1, ..., 5 möglich sind?

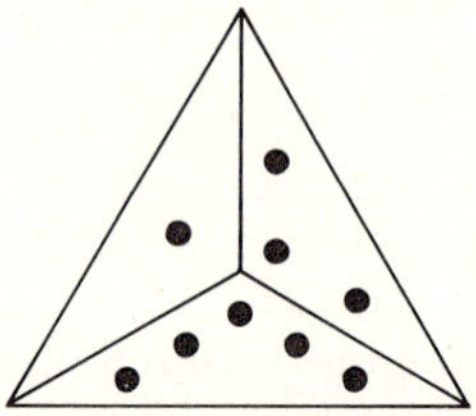

Bei der Anzahlbestimmung ist zu beachten, daß bei einer Benennung im Uhrzeigersinn die Steine $5-3-1$, $3-1-5$ und $1-5-3$ als gleich, der Stein $5-1-3$ aber von den drei erstgenannten als verschieden gezählt wird.

67. Aufgabe

6	■	Ari				

Primzahlen, systematisches Probieren

Setze in jedes Feld des 3×3 Quadrates eine andere Ziffer so, daß die Summe in jeder Zeile, in jeder Spalte und in jeder Diagonalen eine Primzahl wird. Diese Primzahlen müssen nicht übereinstimmen.

68. Aufgabe

6	■	Ari				

Primzahlen, systematisches Probieren

Setze in die Kästchen Ziffern, so daß zwei benachbarte Ziffern jeweils eine zweistellige Primzahl ergeben, wenn man von links nach rechts oder von oben nach unten liest.
Beispiel:

5	3	7
9	7	9

Es sind die Primzahlen 53, 37, 97, 79, 59 enthalten.

a) Gib ein Beispiel an, bei dem zusätzlich die drei Ziffern der ersten Zeile und die drei Ziffern der zweiten Zeile jeweils eine dreistellige Primzahl ergeben.

b) Gibt es eine Möglichkeit, daß alle sechs Ziffern verschieden sind?

69. Aufgabe

6	■	Ari				

Teilbarkeit, Primzahlen

Bestimme alle Zahlen unter 200, die Primzahlen sind und durch 3 teilbar werden, wenn man 2 von ihnen subtrahiert, und die durch 5 teilbar werden, wenn man 2 zu ihnen addiert.

70. Aufgabe

6	■■	Ari				

Teilbarkeit

Jens dividiert die beiden Zahlen 409 und 281 durch dieselbe natürliche Zahl n. Im ersten Fall erhält er den Rest 4, im zweiten den Rest 2.
Durch welche Zahl n hat er dividiert?

71. Aufgabe

6	■	Ari				

Teilbarkeit, Terme mit Variablen, Bruchrechnen

Eine Treppe ist zwischen 15 m und 20 m hoch, wobei die Stufenhöhe genau 15 cm beträgt. Fridolin steigt zuerst die Hälfte der Stufen empor, dann ein Drittel des Restes und schließlich ein Achtel der noch übriggebliebenen Stufen. Damit ist er aber noch nicht oben.
Wie viele Stufen muß er noch gehen, und wie hoch ist die Treppe?

72. Aufgabe

6	■	Ari				

Primzahlen, Teilbarkeit, Terme mit Variablen

Begründe, weshalb mit Ausnahme von zwei Primzahlen alle anderen bei der Division durch 6 den Rest 1 oder 5 ergeben.
Wie heißen die beiden Ausnahmen?

73. Aufgabe

6	■■	Ari		Geo		

Primfaktorzerlegung, Volumen, systematisches Probieren

Die drei natürlichen Zahlen a, b und c seien die Kantenlängen eines Quaders in cm gemessen.
Ist es möglich, daß der Quader ein Volumen von 270 cm^3 und eine Gesamtkantenlänge von 80 cm aufweist?

74. Aufgabe

6	■■■	Ari				

Bruchrechnen

Beweise ohne Berechnung des Summenwertes die Ungleichungen

$$\frac{1}{2} < \frac{1}{25} + \frac{1}{26} + \frac{1}{27} + \cdots + \frac{1}{48} + \frac{1}{49} < 1.$$

75. Aufgabe

7	■			Geo		

Winkel, Satz des Thales

Über der Strecke AB ist der Thaleskreis errichtet. Bestimme alle Winkelmaße in der angegebenen Figur.

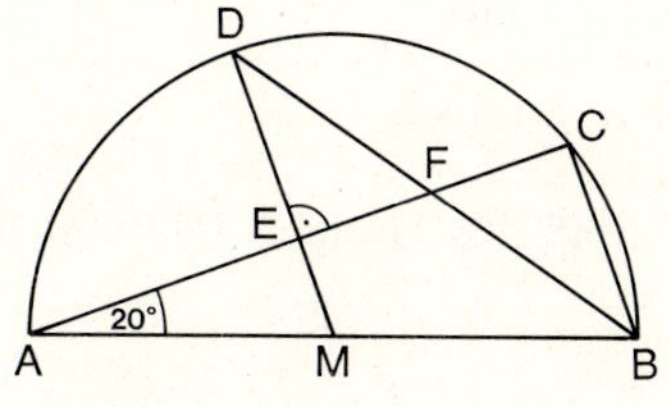

76. Aufgabe

7	■			Geo		

Winkel, Viereck, Dreieck

Von einem Drachen $ABCD$ ist bekannt:
a) Beide Diagonalen besitzen die gleiche Länge a.

b) Mindestens eine Seite des Drachens hat die gleiche Länge wie die Diagonalen.
Berechne die Winkelmaße der vier Innenwinkel des Drachens.

77. Aufgabe

7	■			Geo		

Winkel, Ortslinien

In einem spitzwinkligen Dreieck werden von C sowohl die Höhe auf AB als auch die Winkelhalbierende gezeichnet.

Beschreibe den Winkel $\measuredangle DCE$ mit Hilfe von α und β.

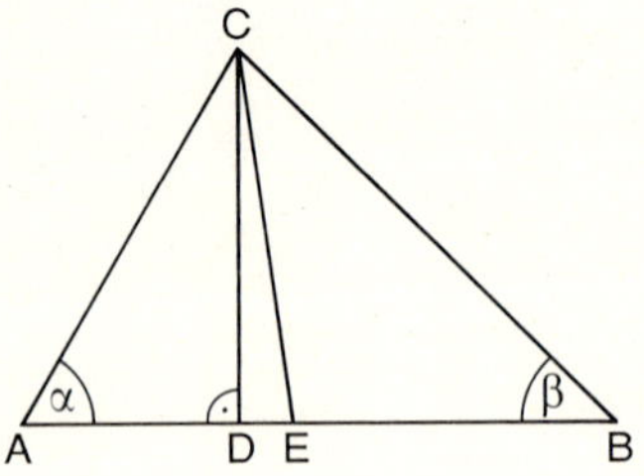

78. Aufgabe

7	■■			Geo		

Winkel, Dreieck

Weise nach, daß das Dreieck BDC gleichschenklig ist.

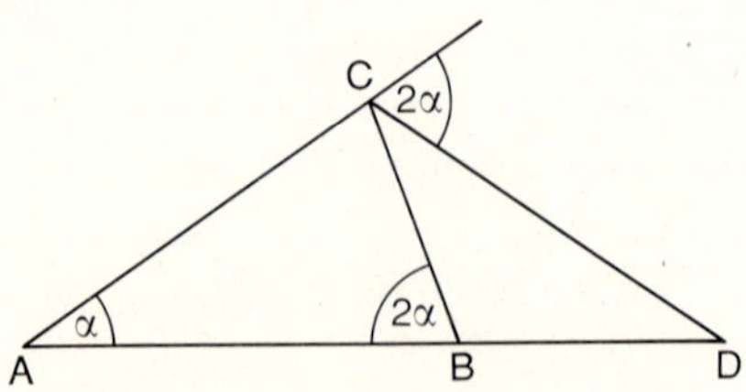

79. Aufgabe

7	■■			Geo		

Winkel, Viereck, Symmetrie, Dreieck

Ein gleichschenkliges Trapez werde durch eine Diagonale in zwei gleichschenklige Dreiecke zerlegt.
Bestimme die Innenwinkel dieses Trapezes.

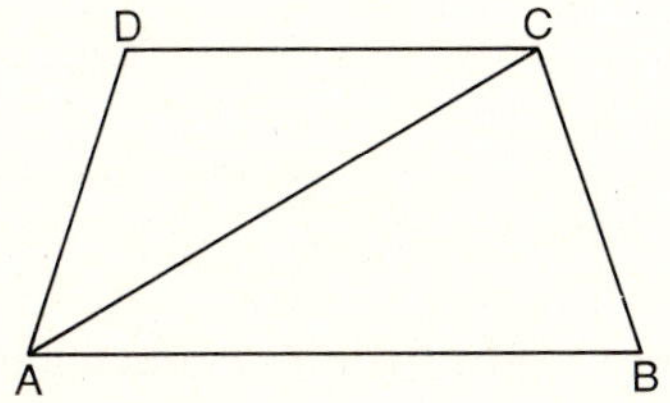

80. Aufgabe

7	■■■	Ari				

Rechnen mit Variablen

In Utopia mußte jeder Hausbesitzer den 10-ten Teil der eingenommenen Miete als Steuer abführen. Zu einem späteren Zeitpunkt wurde dieser Steuersatz auf den 8ten Teil erhöht.
Um wieviel mußte ein Hausbesitzer seine Miete steigern, um bei der erhöhten Steuer noch ebensoviel von der Miete übrig zu behalten wie früher?

81. Aufgabe

7	■■■	Ari				

Bruchrechnen, Prozentrechnen

Bei einer Meinungsumfrage unter Jugendlichen antworten auf die Frage, ob sie bereits einmal an einem mathematischen Wettbewerb teilgenommen hätten, genau $3,\overline{68563}\,\%$ der Befragten mit "ja".
Was läßt sich über die Anzahl der befragten Personen aussagen? Bestimme die kleinste Anzahl.

82. Aufgabe

8	■	Ari	Alg			

Binomische Formeln, Primzahlen

Bestimme alle Primzahlen, die um eins kleiner sind als eine Quadratzahl.

83. Aufgabe

8	■	Ari	Alg			Bew

Binomische Formeln, Teilbarkeit

Beweise, daß die Differenz der Quadrate von zwei beliebigen ungeraden Zahlen stets durch 8 teilbar ist.

84. Aufgabe

8	■			Geo		Bew

Viereck, Kongruenz, Kreis

Zeichne ein Rechteck $ABCD$ mit seinem Umkreis. Markiere die Mittelpunkte E, F, G und H der Rechteckseiten.
Zeige, daß der Umfang des Viereckes $EFGH$ stets gleich dem Vierfachen des Umkreisradius vom Rechteck $ABCD$ ist.

85. Aufgabe

8	■			Geo		Bew

Ortslinien, Abbildung, Viereck, Dreieck

Dem gleichschenkligen Trapez $ABCD$ ist ein Viereck $PQRS$ einbeschrieben, wobei die Punkte P, Q, R und S die Mittelpunkte der Trapezseiten sind.

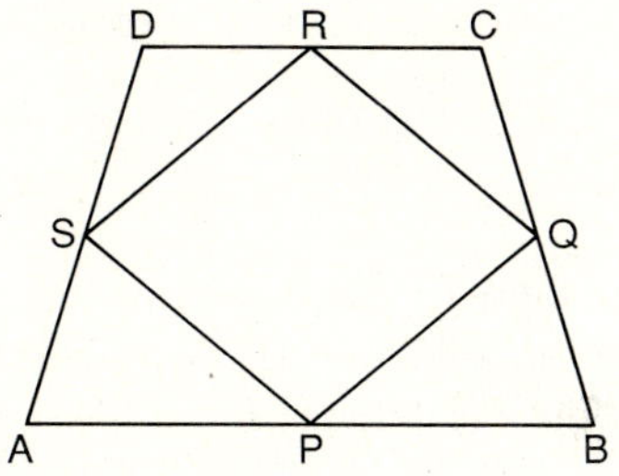

a) Weise nach, daß das Viereck $PQRS$ eine Raute ist.

b) Welche Beziehungen müssen zwischen den Maßen a, c und h bestehen, damit das Viereck $PQRS$ zu einem Quadrat wird?

86. Aufgabe

8	■				Wahr	

Kombinatorik, Baumdiagramm/Pfadregeln

Mit einem "guten" Würfel wird viermal geworfen.
Wie groß ist die Wahrscheinlichkeit, daß die vier Augenzahlen verschieden sind?

87. Aufgabe

8	■				Wahr	

Kombinatorik

Wo liegt der Fehler in der folgenden Argumentation?

Bestimmt man beim Werfen mit drei Würfeln die Augensumme, so gibt es sechzehn verschiedene Möglichkeiten, nämlich 3, 4, 5, ..., 17, 18. Die Summe 11 läßt sich auf sechs verschiedene Weisen darstellen:

$$\begin{aligned} 11 &= 1+4+6 = 1+5+5 = 2+3+6 \\ &= 2+4+5 = 3+3+5 = 3+4+4. \end{aligned}$$

Ebenso läßt sich die Summe 12 auf sechs verschiedene Arten darstellen:

$$\begin{aligned} 12 &= 1+5+6 = 2+4+6 = 2+5+5 \\ &= 3+3+6 = 3+4+5 = 4+4+4. \end{aligned}$$

Da sich die beiden Augensummen in der gleichen Anzahl von Möglichkeiten darstellen lassen, sind auch die Wahrscheinlichkeiten für diese beiden Augensummen gleich.

88. Aufgabe

8	■				Wahr	

Baumdiagramm/Pfadregeln

Bei einem Schulfest bietet die Mathematik-Arbeitsgemeinschaft ein Würfelspiel nach folgenden Regeln an:
Der Spieler darf auf eine der Zahlen 1, 2, 3, 4, 5, 6 setzen. Dann wird mit drei Würfeln geworfen. Erscheint die gesetzte Zahl 1, 2 oder 3 mal, so erhält der Spieler zusätzlich zum Einsatz von 1 DM das 1, 2 bzw. 3 fache seines Einsatzes ausbezahlt. In allen anderen Fällen ist der Einsatz verloren.
Wer hat auf längere Sicht die besseren Gewinnchancen?

89. Aufgabe

8	■■		Alg			

Gleichung, binomische Formeln

Aus dem Bruch $\frac{a}{b}$ soll durch Addition der natürlichen Zahl n im Zähler und der Subtraktion von n im Nenner ein Bruch mit dem Wert $\frac{b}{a}$ entstehen. $(a, b, n \in \mathbb{N};$ $b - n \neq 0)$
Zeige, daß es höchstens eine Lösung gibt und stelle sie mit Hilfe von a und b dar.

90. Aufgabe

8	■■		Alg			Bew

Binomische Formeln, Gleichung

Weise nach, daß die Summe eines positiven Bruches mit seinem Kehrbruch mindestens 2 ist.
Für welche Brüche ist die Summe gleich 2?

91. Aufgabe

8	■■	Ari	Alg			Bew

Binomische Formeln, Teilbarkeit

Weise nach, daß die Summe der Quadrate von fünf aufeinanderfolgenden natürlichen Zahlen keine Quadratzahl sein kann.

92. Aufgabe

8	■■	Ari	Alg			

Binomische Formeln, Primzahlen

Für welche Primzahlen p ist $2p + 1$ eine Kubikzahl?

93. Aufgabe

8	■■			Geo		

Kongruenz, Konstruktion, Abbildung, Viereck

Übertrage das angegebene Parallelogramm auf ein Blatt Papier und zerschneide es mit möglichst wenigen geraden Schnitten so, daß aus den Teilen ein flächengleiches Parallelogramm gelegt werden kann, dessen Winkel mit den vorgegebenen übereinstimmen und dessen eine Seite 5 cm lang ist.

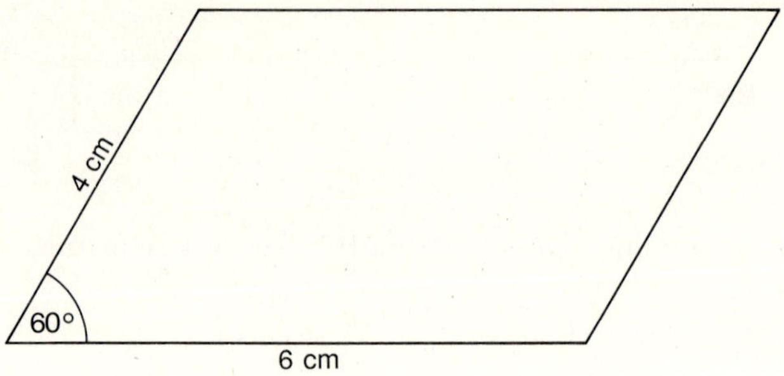

94. Aufgabe

8	■■		Alg	Geo		

Gleichungssystem, Winkel, Ortslinien, Viereck

Eine Flaute überrascht die vier Freunde Axel, Bernd, Carsten und Dieter in ihren Segelbooten. Ihre Boote bilden ein Viereck $ABCD$. Aus Langeweile peilen sie ihre Standorte an und stellen überrascht fest, daß jeder das mittlere Boot auf der Winkelhalbierenden zwischen den beiden äußeren Booten sieht.
Welche Folgerungen kann man daraus für die Art des Viereckes $ABCD$ ziehen?
Bei der abendlichen Runde teilt Bernd beiläufig mit, daß er nicht nur Dieter auf der Winkelhalbierenden zwischen Axel und Carsten, sondern auch Carsten auf der Winkelhalbierenden des Nebenwinkels sah, unter dem er Axel und Dieter beobachtete.
Berechne mit dieser Zusatzinformation alle Innenwinkel des Vierecks.

95. Aufgabe

8	■■			Geo		Bew

Abbildung, Kongruenz, Dreieck

In der Ebene ist ein gleichseitiges Dreieck ABC vorgegeben. E sei ein beliebiger, von A und C verschiedener Punkt der Geraden (AC). Der Punkt D wird so bestimmt, daß CD parallel zu AB ist und CDE ebenfalls ein gleichseitiges Dreieck bilden.

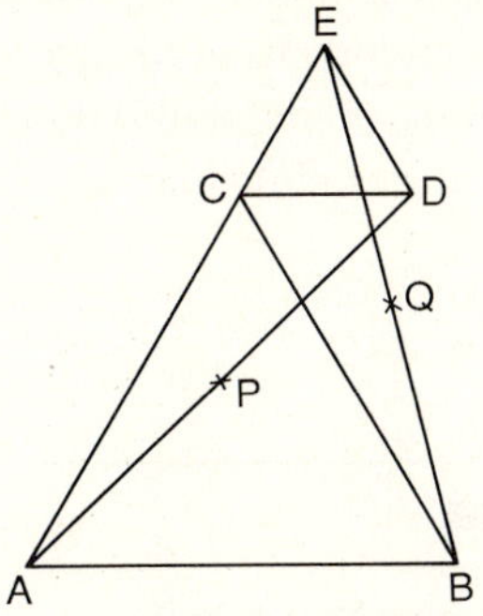

Weise nach, daß die Mittelpunkte der Strecken AD und BE zusammen mit dem Punkt C ein gleichseitiges Dreieck bilden.

96. Aufgabe

8	■■			Geo		Bew

Kongruenz, Abbildung, Viereck

Zeichne ein Parallelogramm $ABCD$ beliebiger Größe und wähle einen Punkt P auf einer Seite.
Ein Käfer startet bei P und läuft auf der Randlinie entlang. Nachdem er genau die Hälfte des Umfangs zurückgelegt hat, erreicht er einen Punkt Q und geht auf direktem Weg zum Ausgangspunkt P zurück.
a) Begründe, warum dieser Rückweg immer über den Schnittpunkt der Diagonalen des Parallelogramms $ABCD$ führt.

b) Bei welcher Wahl des Punktes P ist die Gesamtlänge des Weges am kleinsten?

97. Aufgabe

8	■■				Wahr	

Baumdiagramm/Pfadregeln

Neben fünf normalen Münzen befindet sich in einer Tasche eine Münze, die auf beiden Seiten Wappen hat. Eine Münze wird zufällig gezogen und fünfmal geworfen. Als Ergebnis wird mitgeteilt, daß dabei fünfmal Wappen oben lag.
Wie groß ist die Wahrscheinlichkeit, daß die gezogene Münze eine normale ist?

98. Aufgabe

8	■■				Wahr	

Baumdiagramm/Pfadregeln

Aus einem Gefäß mit fünf Kugeln, über deren Farbzusammensetzung nichts bekannt ist, wird fünfmal eine Kugel gezogen, sofort danach jeweils wieder zurückgelegt und neu gemischt. Bei allen fünf Ziehungen war die Kugel rot.
Wie groß sind die Wahrscheinlichkeiten dafür, daß genau eine, genau zwei, drei, vier oder alle fünf Kugeln rot sind?

99. Aufgabe

8	■■				Komb	

Systematisches Probieren

Wie viele verschiedene Wege führen vom k bis zum p?
Auf wie viele Arten kann man dadurch das Wort "kaleidoskop" bilden?

```
          k
        a   a
      l   l   l
    e   e   e   e
  i   i   i   i   i
d   d   d   d   d   d
  o   o   o   o   o
    s   s   s   s
      k   k   k
        o   o
          p
```

100. Aufgabe

8	■■■	Ari	Alg			

Teilbarkeit, Fallunterscheidung, systematisches Probieren, Gleichungen, binomische Formeln

Mit zwei voneinander verschiedenen natürlichen Zahlen wurden die folgenden Rechenoperationen ausgeführt:

a) Die Zahlen wurden addiert.

b) Die kleinere Zahl wurde von der größeren subtrahiert.

c) Die beiden Zahlen wurden miteinander multipliziert.

d) Die größere Zahl wurde durch die kleinere dividiert.

Die Summe der vier erhaltenen Ergebnisse ist 243.

Wie heißen die beiden Zahlen?
Bestimme alle Lösungspaare.

101. Aufgabe

8	■■■	Ari				Bew

Teilbarkeit, Fallunterscheidung, Rechnen mit Variablen

Zeige, daß es unter fünf natürlichen Zahlen stets drei gibt, deren Summe durch 3 teilbar ist.

102. Aufgabe

8	■■■	Ari	Alg			Bew

Teilbarkeit, binomische Formeln, systematisches Probieren, Fallunterscheidung

Ist 9 ein Teiler von $a^2 + b^2 + c^2$, so teilt 9 mindestens eine der Differenzen $a^2 - b^2$, $a^2 - c^2$ oder $b^2 - c^2$. $(a, b, c \in \mathbb{N};\ a \geq b \geq c)$

103. Aufgabe

8	■■■	Ari	Alg			

Rechnen mit Variablen, Gleichungen

Bestimme drei natürliche Zahlen, deren Produkt gleich ihrer Summe ist.
Wie viele verschiedene Möglichkeiten gibt es insgesamt?

104. Aufgabe

8	■■■		Alg			

Gleichungssystem

Markus und Jens wollen in die Computerabteilung eines Kaufhauses im 1. Obergeschoß. Da ihnen die Rolltreppe zu langsam ist, laufen sie selbst auf der Treppe noch Stufen aufwärts. Markus, der schnellere der beiden, betritt 18 Stufen und damit dreimal so viele Stufen wie Jens. Jens benötigt dadurch doppelt so lange, um vom Erdgeschoß ins 1. Obergeschoß zu kommen.
Wie viele Stufen der Rolltreppe sind sichtbar, wenn sie stillsteht?

105. Aufgabe

8	■■■			Geo		Bew

Dreieck, Kongruenz

Auf den Seiten AB und AC eines gleichseitigen Dreiecks ABC werden die Punkte D und E so gewählt, daß die Strecken AD und AE gleich lang sind. Außerdem werden drei ebenfalls gleichseitige Dreiecke APD, BQE und CRA entsprechend der Abbildung errichtet.

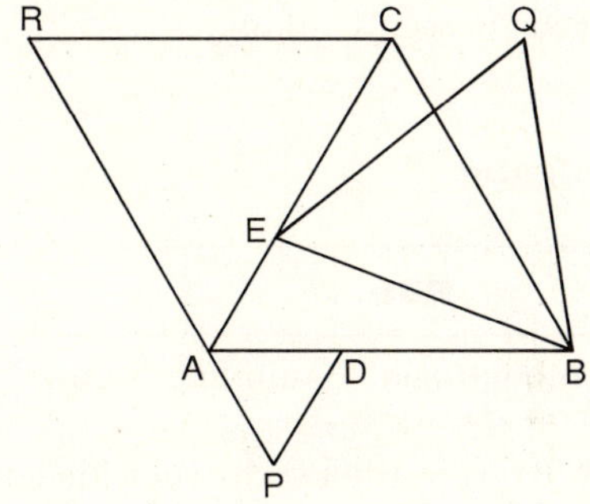

Weise nach, daß die Punkte P, Q und R ein gleichseitiges Dreieck bilden.

106. Aufgabe

8	■■■			Geo		Bew

Konstruktion, Viereck

Zwei sich schneidende Geraden g und h sind vorgegeben. Die beiden Punkte A und B liegen so, daß (AB) weder zu g noch zu h parallel ist und auch nicht durch den Schnittpunkt von g und h geht.

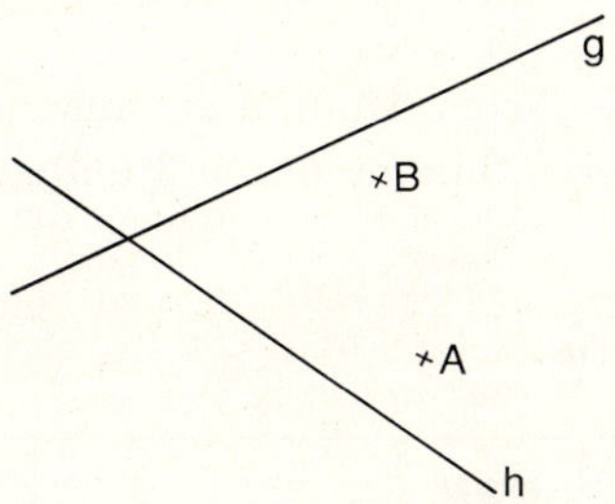

Konstruiere einen Punkt C auf g und einen Punkt D auf h so, daß $ABCD$ ein Parallelogramm ist.

107. Aufgabe

8	■■■			Geo		Bew

Dreieck, Viereck, Ortslinien

Man weise nach, daß die Summe der Längen der Seitenhalbierenden eines Dreiecks kleiner ist als dessen Umfang.

108. Aufgabe

8	■■■			Geo	Wahr	

Kombinatorik, Baumdiagramm/Pfadregeln

Auf einem Kreis werden sechs verschiedene Punkte beliebig festgelegt. Anschließend wählt man drei dieser Punkte zufällig aus. Diese drei Punkte stellen die Eckpunkte eines Dreiecks dar. Die übrigen drei Punkte bilden die Eckpunkte eines zweiten Dreiecks.
Wie groß ist die Wahrscheinlichkeit, daß die beiden Dreiecksflächen sich nicht überschneiden?

109. Aufgabe

8	■■■	Ari			Komb	

Teilbarkeit, Fallunterscheidung

Auf wie viele Arten kann man aus der Menge $1, 2, 3, \ldots, 98, 99$ drei Zahlen auswählen, deren Summe durch 3 teilbar ist?

110. Aufgabe

8	■■■				Komb	

Auf wie viele verschiedene Arten können die 9 Begegnungen des ersten Spieltages der Fußballbundesliga festgelegt werden?

111. Aufgabe

8	■■■				Wahr	

Baumdiagramm/Pfadregeln, Fallunterscheidung

Unter den Bezeichnungen "Kniffel" bzw. "Yahtzee" sind zwei Würfelspiele mit übereinstimmenden Spielregeln im Handel. Bei dem Spiel geht es darum, mit fünf Würfeln bestimmte vorgegebene Kombinationen zu erreichen. Dazu hat man jeweils drei Versuche, wobei man geeignete Wurfergebnisse liegen lassen kann und nur mit den Würfeln mit den ungünstigen Ausfällen weiterspielt.
Eines von den zu erzielenden Bildern ist die "Große Straße", bei der eine Folge von fünf aufeinanderfolgenden Augenzahlen erreicht werden muß.
Ein Spieler hat nach dem ersten Wurf die Augenzahlen $1-1-3-3-4$ und möchte versuchen, eine "Große Straße" mit $1-2-3-4-5$ zu würfeln.
Wie groß ist die Wahrscheinlichkeit, daß ihm dies mit seinen nächsten beiden Würfen gelingt, wenn er günstige Wurfzahlen jeweils liegen läßt?

Hinweise

1. Aufgabe

Man kann alle möglichen Quersummen q, die bei dreistelligen Zahlen auftreten, mit 13 multiplizieren und nachsehen, ob das Produkt gerade die Quersumme q ergibt. Die Verwendung von Variablen reduziert das erforderliche Probieren. Die dreistellige Zahl $\overline{abc}$ kann durch $100a + 10b + c$ beschrieben werden.

2. Aufgabe

Beginne die Überlegungen mit der Ziffer a.

3. Aufgabe

Mit der im Beispiel angegebenen Zahl 473 gehören auch die Zahlen 347, 374, 437, 734 und 743 zu den gesuchten Zahlen. Die Hunderterziffer a einer dreistelligen Zahl ist von null verschieden.

4. Aufgabe

Als Ziffern der dreistelligen Würfelzahlen sind nur die Zahlen 1 bis 6 möglich. Ordne z.B. die dreistelligen "Würfelzahlen" mit der Hunderterziffer 6 der Größe nach und suche eine Gesetzmäßigkeit für die Anzahl. Verallgemeinere auf "Würfelzahlen" mit anderen Hunderterziffern.

5. Aufgabe

Es ist nicht erforderlich, alle Zahlen aufzuschreiben und zu addieren. Der Lösungsweg wird kürzer, wenn man sich überlegt, wie viele verschiedene Zahlen es unter den genannten Bedingungen gibt und wie oft jede Ziffer an jeder Stelle auftreten kann.

6. Aufgabe

Trifft die Schnittebene eine Kante des Würfels, so entstehen zwei neue Eckpunkte. Geht die Schnittebene dagegen durch einen Eckpunkt des Würfels, so erhöht sich die Gesamtzahl der Eckpunkte nur um eins.

7. Aufgabe

Im nebenstehenden Ausschnitt eines Schachbrettes sind die Felder, die der Springer von seinem derzeitigen Standort erreichen kann, durch ein Kreuz markiert.

	×		×	
×				×
		S		
×				×
	×		×	

8. Aufgabe

Die Primfaktorzerlegung von 352 800 gibt wichtige Hinweise auf den einzuschlagenden Weg.

9. Aufgabe

Die Teilbarkeitsregel für drei und die Forderung, daß auch die Quersumme durch 5 teilbar sein soll, geben Auskunft über die Anzahlen der Ziffern 3 und 5.

10. Aufgabe

Man berücksichtige die Teilbarkeitsregeln für die vier Teiler und die Forderung, daß in allen sechsstelligen Zahlen jede der Ziffern 1, 2, ..., 6 genau einmal vorkommt. Systematisches Probieren hilft dann weiter.

11. Aufgabe

Ein Bruch mit dem Wert $\frac{2}{5}$ läßt sich in der Form $\frac{2 \cdot n}{5 \cdot n}$ schreiben.
Da die Summe aus Zähler und Nenner eine Quadratzahl sein soll, erhält man aus $7 \cdot n$ eine Bedingung für die natürliche Zahl n.

12. Aufgabe

Es ist sehr zeitaufwendig, die Lösungen durch reines Probieren zu bestimmen. Das Auflösen der Bedingung

$$\frac{1}{a} + \frac{1}{b} = \frac{k}{9}$$

nach einer der Variablen a oder b reduziert den Zeitaufwand erheblich, ohne das Probieren jedoch überflüssig zu machen.

13. Aufgabe

Zum Nachweis von $a \in V_5$, $b \in V_6$ und $c \in V_7$ verwendet man die Teilerfremdheit von 5, 6 und 7.

14. Aufgabe

Stellt man die ersten beiden Bedingungen als Terme mit Variablen dar, so kann man durch Umformungen wesentlich vereinfachen. Aus der dritten Bedingung folgt, daß auch die Differenz durch 7 teilbar ist.

15. Aufgabe

Bestimme zunächst in Abhängigkeit von n die kleinste Zahl, die durch $2, 3, 4, \ldots, n$ teilbar ist.

16. Aufgabe

Bezeichnet man die drei gesuchten Zahlen mit a, b und c, so kann man aus den Primfaktorzerlegungen von ggT (a, b, c) und kgV (a, b, c) Aussagen über die Mindest- und die Höchstzahl der jeweiligen Faktoren in den Primfaktorzerlegungen von a, b und c machen. Außerdem ergibt die Information, daß die zweitgrößte Zahl eine Quadratzahl ist, weitere Hinweise.

17. Aufgabe

Man beachte die Primfaktorzerlegung von 1000!.

18. Aufgabe

Nutze die Beziehung zwischen der Anzahl der Teiler einer Zahl n und den Exponenten in der Primfaktorzerlegung von n aus.
Ist $n = p_1^{r_1} \cdot p_2^{r_2} \cdot \ldots \cdot p_k^{r_k}$ die Primfaktorzerlegung von n mit $p_i \neq p_j$ für $i \neq j$, so hat die Zahl n genau

$$(r_1 + 1) \cdot (r_2 + 1) \cdot \ldots \cdot (r_k + 1)$$

Teiler.

19. Aufgabe

Der erste Spieler kann jedes Spiel gewinnen, wenn er geschickt spielt.
Bei der zweiten Variante sollte er beim Spielen auf Symmetrieeigenschaften achten.

20. Aufgabe

Baue die symmetrischen Plazierungen schrittweise auf. Überlege bei jedem Schritt, wie viele Möglichkeiten es gibt.

21. Aufgabe

Zeichne zunächst die Linien ein, für die das Gleichheitszeichen gilt.

22. Aufgabe

Für die Anzahl der nicht kongruenten Dreiecke ist entscheidend, ob die Grundfigur aus den drei Geraden außer der Punktsymmetrie noch weitere Symmetrieeigenschaften hat.

23. Aufgabe

Bestimme zunächst die geometrischen Eigenschaften der Geraden, deren Abstand zu zwei vorgegebenen Punkten gleich groß ist.

24. Aufgabe

Man beachte bei der Lösung, daß die beiden Winkelhalbierenden von zwei sich schneidenden Geraden diejenigen Punkte enthalten, die von den beiden Geraden den gleichen Abstand haben.
Bei parallelen Geraden liegen die Mittelpunkte der Berührkreise auf der Mittelparallelen.

25. Aufgabe

Der Flächeninhalt läßt sich in vielen Fällen durch Abzählen von Kästchen bestimmen. In schwierigen Fällen hilft folgende Eigenschaft weiter:

> Stimmen zwei Parallelogramme in der Länge eines Seitenpaares und dessen Abstand überein, so haben sie den gleichen Flächeninhalt.

Man kann dadurch das Parallelogramm in ein flächengleiches verwandeln, dessen Inhalt durch Abzählen bestimmt werden kann.

26. Aufgabe

Versuche die Koordinaten des Diagonalenschnittpunktes in Abhängigkeit von der Lage der Punkte A und B zu beschreiben.

27. Aufgabe

Man halte einen der Punkte P oder Q fest und lasse den anderen auf der Dreieckseite wandern.
Welche Linie entsteht dabei, welche geometrischen Eigenschaften hat sie? Bestimme die Begrenzungslinien des Gebietes der Mittelpunkte durch extreme Lagen des festgehaltenen Punktes.

28. Aufgabe

Abgesehen von den extremen Lagen, bei denen P mit A bzw. A' zusammenfällt, bilden die Punkte P, Q und A' stets ein rechtwinkliges Dreieck.

29. Aufgabe

Die Linie, auf der sich das Boot B bewegen muß, kann durch eine Beziehung zwischen den Koordinaten des Punktes B im Koordinatensystem beschrieben werden. Die Berechnungen werden einfacher, wenn man den Fußpunkt des Leuchtturms in den Koordinatenursprung und den Fußpunkt der Fahnenstange auf die x-Achse legt. Es gibt jeweils eine Lösung ohne und mit Hilfe der Trigonometrie.

30. Aufgabe

Nenne den mittleren Summanden n und beschreibe die übrigen Zahlen in Abhängigkeit von n.

31. Aufgabe

Wähle eine natürliche Zahl n und bestimme dann eine größere Zahl m so, daß die Differenz der beiden gleich der halben Summe ist. Achte auf Gesetzmäßigkeit.

32. Aufgabe

Der Übergang von der zweistelligen Zahl $\overline{ab}$ zur fünfstelligen Zahl $\overline{ab0ab}$ wird stets durch die Multiplikation mit dem gleichen Faktor erreicht. Dieser Faktor ist der Schlüssel zur Lösung.

33. Aufgabe

Aus den zwei dreistelligen Zahlen $n = \overline{abc}$ und $m = \overline{def}$ erhält man die sechsstelligen $\overline{abcdef}$ bzw. $\overline{defabc}$.
Diese neuen Zahlen kann man in der Form $1000 \cdot n + m$ bzw. $1000 \cdot m + n$ darstellen.

35. Aufgabe

Bestimme am Beispiel von kleinen Punktezahlen die Anzahl der Verbindungsstrecken. Beachte, wie viele Strecken von jedem Punkt ausgehen. Verallgemeinere dann die Regel für die Anzahl der Verbindungsstrecken auf n Punkte.

36. Aufgabe

Zeige, daß auf jeder Geraden die gleiche Anzahl von Schnittpunkten liegt, wenn keine zwei Geraden zueinander parallel sind und sich nie mehr als zwei Geraden in einem Punkt schneiden.

37. Aufgabe

Die Anzahl der Streichhölzer ist so groß, daß das Abzählen langwierig und unsicher wäre.
Da das Problem ohnehin auch für n Hölzchen gelöst werden soll, lohnt es sich, nach einer Gesetzmäßigkeit zu suchen. Beobachte dazu an kleineren gleichseitigen Dreiecken, wie sich die Anzahl von Streichhölzern von Reihe zu Reihe verändert.

38. Aufgabe

Man beobachte, wie viele Gebiete neu hinzukommen, wenn man in eine Figur eine weitere Gerade einzeichnet, und stelle eine Beziehung zu der Anzahl der Geraden her.

39. Aufgabe

Bestimme die Anzahl der Strecken auf einer Geraden in Abhängigkeit von der Geradenzahl.

40. Aufgabe

Versuche, durch Abzählen bei Bildern mit einer kleinen Anzahl n von Geraden eine Gesetzmäßigkeit für die Anzahl $G(n)$ der unbeschränkten Teilgebiete aufzustellen. Für den Nachweis ist es hilfreich, sich die Vergrößerung dieser Anzahl beim Einzeichnen einer weiteren Geraden bei verschiedenen Lagen zu verdeutlichen.

41. Aufgabe

Die Folge 4, 12, 24, 40 wird in den weiteren Gleichungen durch 60, 84, 112, 144, ... fortgesetzt.
Jede Zahl dieser Folge läßt sich in Abhängigkeit von n als Produkt schreiben, wobei n die Nummer der Gleichung bedeutet. Das Differenzenschema (siehe Anhang) hilft beim Finden des Bildungsgesetzes.

42. Aufgabe

Der Schlüssel zur Lösung dieser Aufgabe liegt in der Folge der kleinsten bzw. größten Summanden auf der linken Seite. Das Bildungsgesetz läßt sich in vergleichbarer Weise wie in der vorhergehenden Aufgabe bestimmen.

43. Aufgabe

Man greife einen Schnittpunkt heraus und berechne die Anzahl der Dreiecke, die diesen Punkt als einen Eckpunkt haben.

44. Aufgabe

Stelle die aufeinanderfolgenden Zahlen mit Variablen dar, z.B. in der Form
$a, a+1, a+2$ usw.
Vereinfache die Summe und zerlege sie in Faktoren.

45. Aufgabe

Aus der Primfaktorzerlegung von 120 und der Faktorzerlegung von $n^5 - n$ durch Ausklammern und binomische Formeln ergeben sich Bedingungen für die gesuchten Zahlen n.

46. Aufgabe

Berechnet man für kleine Werte von n die Terme $n^2 + 1$ und $(n+1)^2 + 1$, so findet man in den Fällen mit einem gemeinsamen Teiler größer als 1 stets die gleiche Zahl.

47. Aufgabe

Man zerlege die Differenz der Quadratzahlen mit Hilfe der binomischen Formeln. Die entstehenden Faktoren lassen ebenfalls eine Gesetzmäßigkeit erkennen, die für den Nachweis der vorgegebenen Gesetzmäßigkeit hilfreich ist.

48. Aufgabe

Überlege, wie viele Bälle mit jeder neuen Schicht hinzukommen, bestimme das Differenzenschema (siehe Anhang) und vergleiche mit andere Aufgaben aus diesem Abschnitt. Eine Lösung ohne Rückgriff auf andere Aufgaben ist möglich, wenn man die Gesamtzahl der Bälle in der Pyramide als Summe in der Form

$$\begin{array}{l} 1 \\ 1+2 \\ 1+2+3 \\ 1+2+3+4 \\ \vdots \\ 1+2+3+4+\cdots+(n-1) \\ 1+2+3+4+\cdots+(n-1)+n \end{array}$$

schreibt und das Zahlenschema geschickt ergänzt.

49. Aufgabe

Wende das Verfahren des "Rationalmachens" für zwei Summanden mehrfach an.

50. Aufgabe

In beiden Fällen läßt sich die Anzahlbestimmung auf gleichseitige Dreiecke zurückführen.

52. Aufgabe

Schreibe die Gleichung zunächst mit den vertrauten Grundrechenarten.

53. Aufgabe

Aus den Inhalten der Teilflächen lassen sich die Seitenlängen der Rechtecke und dann die Umfänge berechnen.

55. Aufgabe

Stelle die Anzahl der Würfelchen und die Anzahl der sichtbaren Seitenflächen in Abhängigkeit von der Seitenlänge a dar.

56. Aufgabe

Überlege, welche Flächen des kleinen Würfels inhaltsgleich zur verdeckten Grundfläche des großen sein müssen.

57. Aufgabe

Bei der Bestimmung der Oberfläche betrachte man sich den Körper von allen Seiten genau.

58. Aufgabe

Man versorge sich mit einer ausreichenden Zahl von Spielwürfeln.

60. Aufgabe

Zeichnet man das Schrägbild eines Würfels beim Blick in Richtung einer Raumdiagonalen, so erscheint der Umriß des Würfels als regelmäßiges Sechseck.

61. Aufgabe

Beachte jeweils zwei aufeinanderfolgende Zahlen.

62. Aufgabe

Bestimme die gesuchte Anzahl durch systematisches Probieren. Lege dazu eine Tabelle an, bei der für eine oder zwei Hunderterziffern c die möglichen Kombinationen (a/b) und (d/e) mit dem Summenwert c aufgelistet werden. Suche nach einer Gesetzmäßigkeit für die Anzahl der Möglichkeiten und verallgemeinere.

63. Aufgabe

Beachte, wie oft jede Ziffer in den sechsstelligen Zahlen vorkommt.

64. Aufgabe

Wenn der Händler den richtigen Schlüssel gefunden hat, steckt er ihn in das Schloß, so daß (weitere) Fehlversuche mit diesem Schloß bzw. Schlüssel nicht mehr möglich sind.

65. Aufgabe

Man berücksichtige zunächst die drei schwarzen Kugeln nicht.

66. Aufgabe

Unterscheide die Fälle, daß alle drei Werte gleich, genau zwei gleich bzw. alle Werte verschieden sind und bestimme jeweils die Anzahl der Spielsteine.

69. Aufgabe

Beginne mit der letzten Bedingung und beachte die Primzahleigenschaft.

70. Aufgabe

Die gesuchte Zahl n muß Teiler von 405 und von 279 sein.

71. Aufgabe

Bestimme aus den angegebenen Bruchteilen eine Bedingung für die Anzahl der Treppenstufen.

72. Aufgabe

Suche Teiler der Zahlen, wenn man bei der Division durch 6 die Reste 2, 3 oder 4 erhält.

73. Aufgabe

Beachte die Primfaktorzerlegung von 270.

74. Aufgabe

Ersetze jeden einzelnen der 25 Summanden durch den Bruch mit dem kleinsten bzw. größten Wert.

75. Aufgabe

Nutze aus, daß die Punkte C und D auf dem Halbkreis über AB mit dem Mittelpunkt M liegen.

76. Aufgabe

Nach Aufgabenstellung gibt es in dem Drachen ein gleichseitiges Teildreieck.

78. Aufgabe

Bestimme die Winkel in der Figur in Abhängigkeit von α.

79. Aufgabe

Überlege zunächst, welche Bedingungen die Seitenlängen und Diagonalenlängen des Trapezes erfüllen müssen.

80. Aufgabe

Stelle den konstanten Mietanteil a, den der Hausbesitzer vor und nach der Veränderung der Steuer übrig behält, zunächst durch zwei Gleichungen dar. Fasse diese beiden Gleichungen dann zu einer zusammen.

81. Aufgabe

Wandle die periodische Dezimalzahl in einen Bruch um.

82. Aufgabe

Stelle die gesuchten Zahlen durch einen Term dar. Schreibe den Term dann mit Hilfe der dritten binomischen Formel als Produkt.

83. Aufgabe

Stelle die beiden ungeraden Zahlen a und b in der Form $a = 2m + 1$ und $b = 2n + 1$ dar. Berechne die Differenz ihrer Quadrate und zerlege sie in ein Produkt.

85. Aufgabe

Man zerlege das gleichschenklige Trapez durch eine Diagonale in zwei Dreiecke und verwende die geometrischen Eigenschaften der Punkte P, Q, R und S sowie ihrer Verbindungslinien in diesen Teildreiecken.

87. Aufgabe

Die einzelnen Kombinationen, mit denen die Summenwerte 11 und 12 dargestellt werden, treten mit unterschiedlicher Wahrscheinlichkeit auf. Man weise dies z.B. an den Kombinationen (3/3/6) und (3/4/5) nach, in dem man von drei verschiedenfarbigen Würfeln ausgeht.

88. Aufgabe

Bestimme mit Hilfe eines Baumdiagramms die Wahrscheinlichkeit dafür, daß bei drei Würfen die gesetzte Zahl dreimal, zweimal, einmal oder überhaupt nicht geworfen wird.
Bestimme dann den Erwartungswert für den Gewinn aus der Sicht eines Spielers oder der Arbeitsgemeinschaft.

89. Aufgabe

Stelle eine Bruchgleichung für die angegebene Bedingung mit den drei genannten Variablen auf und vereinfache so weit wie möglich.

90. Aufgabe

Achte bei der Vereinfachung auf binomische Formeln.

91. Aufgabe

Stelle die aufeinanderfolgenden Zahlen durch $n-2$, $n-1$, n, $n+1$ und $n+2$ dar. Außerdem hilft eine gemeinsame Eigenschaft aller Primfaktorzerlegungen von Quadratzahlen weiter.

92. Aufgabe

Stelle die Basis der Kubikzahl mit Hilfe einer Variablen dar. Beachte bei der Vereinfachung die Primzahleigenschaft von p.

93. Aufgabe

Es sind zwei gerade Schnitte erforderlich.

94. Aufgabe

Zeichne ein Viereck, in dem die Aussagen über die Winkelhalbierenden berücksichtigt sind. Stelle ein Gleichungssystem für die Winkelmaße auf und bestimme aus der Lösung dann geometrische Eigenschaften von Teilfiguren.

95. Aufgabe

Der Beweis ist sowohl durch eine geeignete Abbildung als auch mit Hilfe von kongruenten Teilfiguren möglich. Beim Abbildungsbeweis verwendet man eine Drehung um C.

96. Aufgabe

Für die Teilaufgabe a) gibt es eine elegante Lösung mit Hilfe einer Abbildung.
Bei einer Lösung mit Hilfe kongruenter Teilfiguren kann ausgenutzt werden, daß der Rückweg PQ des Käfers ebenfalls als Diagonale in einem Parallelogramm aufgefaßt werden kann, wenn man P mit D und Q mit B verbindet.

97. Aufgabe

Berechne die Wahrscheinlichkeit, eine normale Münze zu wählen und dann fünfmal Wappen zu werfen. Vergleiche sie mit der Wahrscheinlichkeit für die zufällige Wahl der Doppel-Wappen-Münze.

98. Aufgabe

Berechne für jede der genannten Farbzusammensetzungen (rot/nicht rot) der Kugeln die Wahrscheinlichkeiten dafür, daß bei fünf Ziehungen fünf rote Kugeln ermittelt werden. Stelle dann das Verhältnis zwischen diesen Wahrscheinlichkeiten her.

99. Aufgabe

Es gibt zwei unterschiedliche Lösungsansätze.
Zum einen kann man für jeden Buchstaben des Schemas überlegen, wie viele Wege vom "k" auf kürzestem Weg zu diesem Buchstaben führen. Notiert man diese Zahlen und betrachtet sie genauer, so stellt man eine Beziehung zum Pascalschen Zahlendreieck fest.
Ein zweiter Lösungsweg führt über die Kombinatorik. Jeder der verschiedenen Wege von "k" zu "p" kann durch die Reihenfolge der Entscheidungen "links" und "rechts" beschrieben werden. Es ist die Anzahl der Möglichkeit zu bestimmen, die fünf Entscheidungen "links" und fünf Entscheidungen "rechts" anzuordnen.

100. Aufgabe

Aus den ersten drei Bedingungen ergeben sich jeweils natürliche Zahlen. Da die Summe aller vier Zahlen ebenfalls eine natürliche Zahl ist, muß auch der Quotient der beiden Zahlen aus $\mathbb{N}$ sein.
Zwei aufeinanderfolgende natürliche Zahlen sind teilerfremd.

101. Aufgabe

Man beachte die Reste der fünf Zahlen bei der Division durch 3 und untersuche, welche Kombinationsmöglichkeiten es für die Anzahlen in den drei Restklassen gibt.

102. Aufgabe

Man betrachte die Reste, die sich bei der Division von Quadratzahlen durch 9 ergeben. Untersuche, welche Eigenschaften die drei Quadratzahlen a^2, b^2 und c^2 erfüllen müssen, damit ihre Summe durch 9 teilbar ist.

103. Aufgabe

Bezeichnet man die kleinste Zahl mit a und die beiden anderen mit $a+n$ und $a+m$, so läßt sich der Wert der Zahl a nach oben einschränken.

104. Aufgabe

Man stelle sich vor, daß die Rolltreppe zu Beginn nicht in Betrieb ist. Markus steigt 18, Jens 6 Stufen nach oben. Nun wird die Rolltreppe wieder in Betrieb genommen und bringt die beiden Jungen nach oben, ohne daß diese noch weitere Stufen betreten.

105. Aufgabe

Man kann nachweisen, daß die Punkte R, A und P bzw. R, C und Q auf einer Geraden liegen und die Strecken RP und RQ gleich lang sind.

106. Aufgabe

Um auf die richtige Idee für die Konstruktion zu kommen, kann man von einem Parallelogramm $ABCD$ und zwei sich schneidende Geraden g und h durch C bzw. D ausgehen. Zeichnet man dann noch die Parallelen zu g und h durch A und B ein, so kann man einige weitere hilfreiche Parallelogramme entdecken.

107. Aufgabe

Ergänze das vorgegebene Dreieck ABC so zu einem Dreieck PQR, daß A, B und C die Mittelpunkte der Seiten des Dreiecks PQR sind.
Wende auf diese Figur mehrfach die Dreiecksungleichung an.

108. Aufgabe

Die Dreiecksflächen überschneiden sich nicht, wenn die drei Eckpunkte auf dem Kreis jeweils benachbarte Punkte sind. Es ist die Wahrscheinlichkeit zu bestimmen, mit der bei einer Auswahl von drei der sechs Punkte alle gewählten benachbart sind.

109. Aufgabe

Zerlege die Zahlenmenge $\{1, 2, 3, \ldots, 99\}$ in drei Teilmengen entsprechend der Reste bei der Division durch 3. Untersuche dann die Möglichkeiten, wie man durch die Auswahl von drei Zahlen aus diesen Teilmengen eine durch 3 teilbare Summe erzeugen kann.

110. Aufgabe

Schreibt man die Namen der 18 Bundesligavereine jeweils auf ein Los, so kann man die Festlegung des ersten Spieltages dadurch treffen, daß die 18 Namen in der Ziehungsreihenfolge notiert werden. Der erste, dritte, fünfte ... Verein spielt gegen den zweiten, vierten, sechsten ... und hat dabei Heimrecht.
Es ist jedoch noch zu beachten, daß man die Reihenfolge der neun Spielpaarungen noch beliebig vertauschen kann, ohne an den Begegnungen des ersten Spieltages etwas zu verändern.

111. Aufgabe

Man betrachte bei den Ausgängen des zweiten und dritten Wurfs verschiedene Fälle. Zur Veranschaulichung kann man ein Baumdiagramm zeichnen und die Wahrscheinlichkeiten nach den Pfadregeln berechnen. Beim Wurf mit zwei Würfeln ist von der Annahme auszugehen, daß jede der 36 Kombinationen der Augenzahlen gleichwahrscheinlich ist.

Lösungen

1. Aufgabe

1. Lösung
Als Quersumme der dreistelligen Zahlen kommen die Werte 1, 2, ..., 27 in Frage. Nach der Aufgabenstellung ist die gesuchte Zahl

a) dreistellig
b) ein Vielfaches von 13.

Multipliziert man die Zahlen 1 bis 27 mit 13, so erhält man nur in den Fällen

$$9 \cdot 13 = 117$$
$$12 \cdot 13 = 156$$
$$15 \cdot 13 = 195$$

Ergebnisse, deren Quersumme jeweils mit dem ersten Faktor übereinstimmt.

2. Lösung
Bezeichnet man die dreistellige Zahl mit $\overline{abc}$, so muß die Bedingung

$$100a + 10b + c = 13 \cdot (a + b + c)$$

erfüllt sein.
Durch Ausmultiplizieren und Vereinfachen erhält man die äquivalente Bedingung

$$29a = b + 4c.$$

Durch Probieren ergeben sich für $a = 1$ die folgenden Möglichkeiten

$$b = 9 \quad \text{und} \quad c = 5$$
$$b = 5 \quad \text{und} \quad c = 6$$
$$b = 1 \quad \text{und} \quad c = 7.$$

Wegen $b, c \leq 9$ und damit $b + 4c \leq 45$ ist die Bedingung $29a = b + 4c$ für alle Werte $a \geq 2$ nicht erfüllbar.
Die gesuchten Zahlen lauten demnach 117, 156 und 195.

2. Aufgabe

Die vierstellige Zahl $\overline{abcd}$ ist nach der Multiplikation mit 4 nur dann wieder vierstellig, wenn die Ziffer a den Wert 1 oder 2 hat.
Da a in $\overline{dcba}$ die Einerziffer einnimmt und mit der Einerziffer von $4 \cdot d$ übereinstimmt, muß a die Ziffer 2 sein. Dies schränkt nun wiederum die Möglichkeiten für d auf 3 oder 8 ein.
Da $4 \cdot \overline{2bcd}$ gleich $\overline{dcb2}$ sein soll, kommt für die Ziffer d nur 8 in Frage.
Die Bestimmung der Ziffern für b und c kann man nun auf verschiedenen Wegen vornehmen.

1. Weg
Die Hunderterziffer von $\overline{2bc8}$ kann höchstens den Wert 2 haben, da das Produkt $4 \cdot \overline{2bc8}$ die Tausenderziffer 8 besitzt. Setzt man nacheinander für b die Ziffern $0, 1$ oder 2 ein und berücksichtigt die Bedingungen

$$\overline{20c8} \cdot 4 = \overline{8c02} \qquad \overline{21c8} \cdot 4 = \overline{8c12} \qquad \text{bzw.} \qquad \overline{22c8} \cdot 4 = \overline{8c22},$$

so erhält man nur für $2178 \cdot 4 = 8712$ eine wahre Aussage.

2. Weg
Aus den Ergebnissen für die Ziffern a und d folgen die Darstellungen

$$\overline{2bc8} = 2000 + 100b + 10c + 8$$
$$\overline{8cb2} = 8000 + 100c + 10b + 2$$

Mit $\overline{2bc8} \cdot 4 = \overline{8cb2}$ ergibt sich die Bedingung

$$400b + 40c + 32 = 100c + 10b + 2$$
$$390b + 30 = 60c$$
$$13b + 1 = 2c$$

Da b und c aus der Zahlmenge $\{0, 1, 2, \ldots, 9\}$ entnommen werden, ist die Gleichung nur für $b = 1$ und $c = 7$ erfüllt. Die gesuchte Zahl lautet also 2178.

Erweiterung
Es gibt keine fünf,- sechs-, sieben- oder achtstellige Zahlen, bei denen durch die Multiplikation mit $5, 6, 7$ oder 8 die Reihenfolge der Ziffern gerade umgedreht wird. Dies erkennt man bereits beim Versuch, die erste und letzte Ziffer geeignet zu bestimmen.
Mit 108 901 089 und 109 999 989 gibt es zwei neunstellige Zahlen, bei denen die Reihenfolge der Ziffern bei der Multiplikation mit 9 gerade vertauscht wird.

3. Aufgabe

Bei der Bestimmung der Gesamtzahl aller Möglichkeiten ist es sinnvoll, verschiedene Fälle zu unterscheiden.

I Die Zahl besteht aus drei verschiedenen Ziffern größer als Null.
Aus jeder der 16 Kombinationen (1/2/3), (1/3/4), ..., (3/6/9), (4/5/9) kann man sechs Zahlen herstellen, bei denen eine Ziffer gleich der Summe der beiden anderen Ziffern ist und gleichzeitig die Bedingung I erfüllt ist. Der erste Fall ergibt also 96 verschiedene Zahlen.

II Die Zahl enthält zwei gleiche Ziffern; alle Ziffern sind von Null verschieden.
Es gibt in diesem Fall vier Grundkombinationen (1/1/2), (2/2/4), (3/3/6) und (4/4/8), aus denen man jeweils drei Zahlen gewinnen kann. Es kommen demnach 12 weitere Zahlen hinzu.

III Die Zahl enthält eine Ziffer null.
Aus jeder der 9 Kombinationen (0/1/1), (0/2/2), ..., (0/9/9) entstehen zwei Zahlen mit der gewünschten Eigenschaft.

Faßt man die Ergebnisse der Fallunterscheidungen zusammen, so gibt es 126 verschiedene dreistellige Zahlen, welche die Bedingung der Aufgabenstellung erfüllen.

4. Aufgabe

Ordnet man die dreistelligen Zahlen der Größe nach, so beginnen sechs mit 66., fünf mit 65., 4 mit 64. usw..
Insgesamt gibt es $6 + 5 + 4 + 3 + 2 + 1$ zulässige "Würfelzahlen", die mit der Hunderterziffer 6 beginnen.
Entsprechend gibt es $5 + 4 + 3 + 2 + 1$ Zahlen mit einer Fünf als Hunderterziffer.
Insgesamt erhält man

$$\begin{aligned} 6 + 5 + 4 + 3 + 2 + 1 &+ \\ 5 + 4 + 3 + 2 + 1 &+ \\ 4 + 3 + 2 + 1 &+ \\ 2 + 1 &+ \\ 1 &= 56 \end{aligned}$$

Würfelzahlen, bei denen die Ziffern nach der Größe geordnet sind.

5. Aufgabe

Es gibt 120 verschiedene fünfstellige Zahlen, in denen jede der fünf Ziffern 1, 2, 3, 4 und 5 genau einmal vorkommt.

Begründung
Die Einerziffer kann man aus den fünf gegebenen Ziffern frei auswählen. Für die Zehnerziffer hat man dann noch vier Möglichkeiten, für die Hunderterziffer schließlich noch drei usw.
Deshalb gibt es $5 \cdot 4 \cdot 3 \cdot 2 \cdot 1 = 120$ Möglichkeiten.
Die Summe dieser Zahlen ist 399 960.
Zur Begründung überlege man sich, daß jede der fünf Ziffern jeweils 24mal als Einer-, Zehner-, Hunderter- und Tausenderziffer vorkommt.
Würde man alle 120 fünfstelligen Zahlen untereinander schreiben, so wäre die Summe der Ziffern in jeder Spalte gleich, nämlich:

$$24 \cdot (1 + 2 + 3 + 4 + 5) = 360.$$

Es gibt also	360 Einer	360
	360 Zehner	3600
	360 Hunderter	36000
	360 Tausender	360000
		399960

6. Aufgabe

Legt man die Schnittebene z.B. durch die Eckpunkte B, A' und C' des Würfels (Abb. a), so weisen die beiden Teilkörper zusammen drei Ecken mehr auf als der Würfel. Dies ist gleichzeitig der Mindestzuwachs der Eckenzahl.

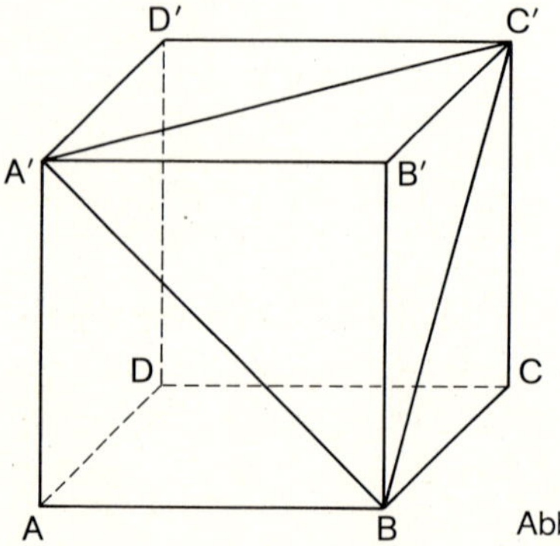

Abb. a

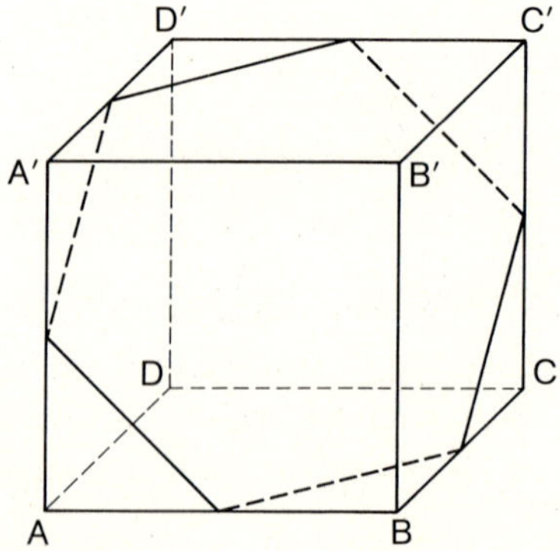

Abb. b

Schneidet man den Würfel wie in Abbildung b, so liegt die Gesamteckenzahl der beiden Teilkörper um 12 höher als die des Würfels – maximaler Zuwachs.
Alle Zwischenwerte sind bei geeigneter Wahl der Schnittebene möglich. Dabei nutzt man aus, daß die Eckenzahl um eins erhöht wird, wenn die Schnittfläche durch einen Eckpunkt des Würfels geht, daß die Gesamtzahl dagegen um zwei steigt, wenn eine Würfelkante geschnitten wird.

7. Aufgabe

Ein Springer benötigt mindestens vier Züge, um die gegenüberliegende Grundlinie zu erreichen.
Es sind 36 verschiedene Zugfolgen möglich.
In die Felder des Schachbretts sind jeweils die Anzahlen der Möglichkeiten eingetragen, mit der bei einem kürzesten Weg von Grundlinie zu Grundlinie ein Feld vom Startplatz aus erreicht werden kann.

7		13		12		4	
2		3		1			
	4		6		3		
	2		1				
1		2		2			
1		1					
			1				
	S						

8. Aufgabe

Die Primfaktorzerlegung der Zahl 352 800 lautet

$$352\,800 = 2^5 \cdot 3^2 \cdot 5^2 \cdot 7^2.$$

Da nur zwei der vorgegebenen Zahlen den Primfaktor 7 aufweisen, müssen sowohl "7" als auch "14" auf dem Weg von A nach B liegen. Aus der Anzahl der Primfaktoren 2 und 5 erhält man weitere einschränkende Bedingungen. Es bleiben die beiden folgenden Lösungen:

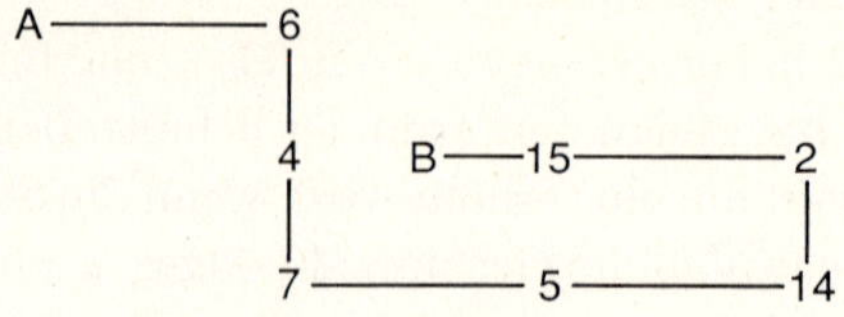

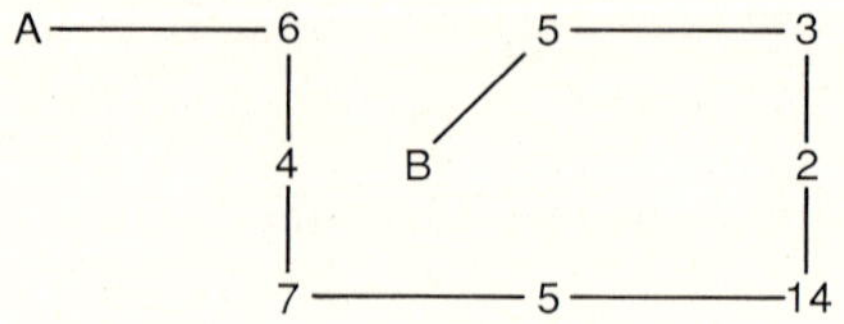

9. Aufgabe

Bezeichnet man die Anzahl der Ziffern 3 mit n und die der Ziffern 5 mit m, so läßt sich die Quersumme durch den Term $3 \cdot n + 5 \cdot m$ darstellen. Da die Zahlen 3 und 5 teilerfremd sind, ist die Teilbarkeit der Quersumme durch 3 und durch 5 genau dann gesichert, wenn m ein Vielfaches von 3 und n ein Vielfaches von 5 ist. Die kleinste Zahl müßte deshalb aus mindestens fünf Ziffern 3 und drei Ziffern 5 bestehen. Um eine möglichst kleine Zahl zu erhalten, setzt man die drei Ziffern 5 ans Ende der Zahl, wodurch auch die Teilbarkeit durch 5 gesichert wird. Die kleinste Zahl, die alle Bedingungen erfüllt, heißt 33 333 555.

10. Aufgabe

Für die Teilbarkeit durch 3 und 9 ist die Quersumme der Zahlen entscheidend. Da jede der Zahlen aus je einmal der Ziffer 1, 2, 3, 4, 5 und 6 besteht, beträgt die Quersumme 21, so daß jede der Zahlen durch 3, aber nicht durch 9 teilbar ist.
Die ersten beiden Forderungen sind also für alle Zahlen erfüllt, die jede der Ziffern 1, 2, 3, 4, 5 und 6 genau einmal enthalten.
Für die Teilbarkeit durch 4 und durch 8 muß man die letzten zwei bzw. letzten drei Ziffern der sechsstelligen Zahl betrachten. Die Zahl aus den letzten beiden Ziffern muß durch 4, die Zahl aus den letzten drei Ziffern darf nicht durch 8 teilbar sein.
Für die drei Endziffern kommen deshalb unter Beachtung der einschränkenden Bedingungen für die Ziffern folgende Kombinationen in Frage:

$$\begin{array}{lll} \ldots 412; & \ldots 612; & \ldots 316; \\ \ldots 516; & \ldots 124; & \ldots 324; \\ \ldots 524; & \ldots 132; & \ldots 532; \\ \ldots 236; & \ldots 436; & \ldots 452; \\ \ldots 652; & \ldots 156; & \ldots 356; \\ \ldots 164; & \ldots 364; & \ldots 564 \end{array}$$

Bei jeder der angegebenen 18 Kombinationen kann man die fehlenden drei Ziffern in beliebiger Reihenfolge davorsetzen. Da es dafür jeweils 6 verschiedene Möglichkeiten gibt, erhält man insgesamt $6 \cdot 18 = 108$ verschiedene Zahlen der gesuchten Art.

11. Aufgabe

Schreibt man die Brüche b mit dem Wert $\frac{2}{5}$ in der Form $\frac{2 \cdot n}{5 \cdot n}$, so muß nach der Aufgabenstellung $7 \cdot n$ eine Quadratzahl sein. Dies ist nur der Fall, wenn die Zahl n den Primfaktor 7 in einer ungeraden Anzahl und die übrigen Primfaktoren in einer geraden Anzahl enthält.
Da außerdem $7 \cdot n < 1000$ sein soll, folgt

$$\begin{array}{lll} n = 7 \cdot 1 & 7n = 49 & b = \frac{14}{35} \\ n = 7 \cdot 4 & 7n = 196 & b = \frac{56}{140} \\ n = 7 \cdot 9 & 7n = 441 & b = \frac{126}{315} \\ n = 7 \cdot 16 & 7n = 784 & b = \frac{224}{560} \end{array}$$

Es gibt also genau vier Brüche der gesuchten Art.

12. Aufgabe

Eine Lösung dieser Aufgabe durch reines Probieren ist sehr zeitaufwendig. Wir betrachten deshalb die Addition von zwei Stammbrüchen allgemein:

$$\frac{1}{a} + \frac{1}{b} = \frac{a+b}{a \cdot b}$$

Damit $\frac{a+b}{a \cdot b}$ einen Bruch der Form $\frac{k}{9}$ darstellen kann, muß $k \cdot a \cdot b = 9 \cdot (a+b)$ gelten. Durch Ausmultiplizieren und Ordnen erhalten wir

$$\begin{aligned} k \cdot a \cdot b &= 9a + 9b \\ b \cdot (k \cdot a - 9) &= 9a \\ b &= \frac{9a}{k \cdot a - 9} \end{aligned} \qquad (*)$$

Damit b eine natürliche Zahl wird, muß $k \cdot a - 9$ ein Teiler von $9 \cdot a$ sein. Aus dieser Eigenschaft und der Überlegung, daß beide Stammbrüche kleiner als $\frac{k}{9}$ und außerdem einer der beiden Stammbrüche kleiner, der andere größer als die Hälfte von $\frac{k}{9}$ sein muß, kann man den Aufwand für das Probieren weiter reduzieren.

Am Beispiel von $k = 1$ erhält man zunächst $b = \frac{9a}{a-9}$. Da einer der Brüche, z.B. $\frac{1}{a}$, kleiner als $\frac{1}{9}$, aber größer als die Hälfte von $\frac{1}{9}$ sein muß, kommen für a nur die Zahlen 10 bis 17 in Frage.
Setzt man diese Zahlen in (∗) ein, so erhält man nur für $a = 10$ bzw. $a = 12$ einen Stammbruch als zweiten Summanden.
Daraus und aus den entsprechenden Überlegungen für die anderen Werte von k ergeben sich die folgenden Lösungen:

$$\frac{1}{9} = \frac{1}{12} + \frac{1}{36} = \frac{1}{10} + \frac{1}{90}$$
$$\frac{2}{9} = \frac{1}{6} + \frac{1}{18} = \frac{1}{5} + \frac{1}{45}$$
$$\frac{3}{9} = \frac{1}{4} + \frac{1}{12}$$
$$\frac{4}{9} = \frac{1}{3} + \frac{1}{9}$$
$$\frac{5}{9} = \frac{1}{2} + \frac{1}{18}$$
$$\frac{6}{9} = \frac{1}{2} + \frac{1}{6}$$

Für $\frac{7}{9}$ und $\frac{8}{9}$ gibt es keine Darstellungsmöglichkeit als Summe von zwei Stammbrüchen.

13. Aufgabe

Nach Aufgabenstellung sollen die Zahlen a, b und c die Bedingung

$$\frac{a}{5} + \frac{b}{6} + \frac{c}{7} = 13 \qquad (*)$$

erfüllen. Durch Multiplikation mit 42 erhält man daraus die Gleichung

$$\frac{42a}{5} + 7b + 6c = 546$$
$$\frac{42a}{5} = 546 - 7b - 6c.$$

Jeder Summand von $546-7b-6c$ ist eine natürliche Zahl. Damit ist der Term selbst eine ganze Zahl.
Da 42 und 5 teilerfremd sind, stellt die linke Seite aber nur dann eine natürliche Zahl dar, wenn a durch 5 teilbar ist.
Durch die Multiplikation von $(*)$ mit 35 bzw. 30 weist man entsprechend nach, daß b durch 6 und c durch 7 teilbar sein muß.
Durch systematisches Probieren erhält man die Lösungen

$$35+30+\ \ 7=72$$
$$40+18+14=72$$
$$45+\ \ 6+21=72$$

bzw.

$$7+5+1=13$$
$$8+3+2=13$$
$$9+1+3=13.$$

Ein zweiter Lösungsweg, der gleichzeitig die Vollständigkeit der oben aufgeführten Lösungen nachweist, besteht im Lösen des Gleichungssystems

$$a+b+c=72 \qquad \text{I}$$
$$\frac{a}{5}+\frac{b}{6}+\frac{c}{7}=13 \qquad \text{II}$$

Durch Multiplikation mit dem Hauptnenner erhält II die Form

$$42a+35b+30c=2730. \qquad \text{III}$$

Multipliziert man die Gleichung I mit 42 und subtrahiert III von ihr, so erhält man die Bedingung

$$7b+12c=294$$
$$b=42-\frac{12}{7}c.$$

Aus der Forderung, daß a, b und c natürliche Zahlen sein sollen, erhält man für

$$c\in\{7,\ 14,\ 21\}$$

schließlich die drei bereits oben genannten Lösungen (35; 30; 7), (40; 18; 14) und (45; 6; 21).

14. Aufgabe

Alle drei Variablen stehen für einstellige Zahlen, wobei a und c zusätzlich von null verschieden sind.
Aus den ersten beiden Bedingungen erhält man durch Umformungen

I
$$3a + b + c = \overline{cb} + 9$$
$$3a + b + c = 10c + b + 9$$
$$a = 3c + 3$$

II
$$\overline{abc} = \overline{acb} + 27$$
$$100a + 10b + c = 100a + 10c + b + 27$$
$$b = c + 3$$

III Wenn $\overline{abc}$ und $\overline{cba}$ durch 7 teilbar sind, dann ist auch ihre Differenz durch 7 teilbar, d.h.

$$100a + 10b + c - 100c - 10b - a = 99a - 99c = 99 \cdot (a - c)$$

ist durch 7 teilbar. Da 99 kein Vielfaches von 7 ist, muß $a - c$ durch 7 teilbar sein.
Da beide Zahlen aus der Menge $\{1, 2, 3, \ldots, 8, 9\}$ sind, gibt es nur drei verschiedene Möglichkeiten:

a)
$$a - c = 7 \quad \Rightarrow \quad 3c + 3 - c = 7$$
$$c = 2 \quad \wedge \quad a = 9 \quad \wedge \quad b = 5$$

b)
$$a - c = 0 \quad \Rightarrow \quad 3c + 3 - c = 0$$
$$2c = -3 \quad \text{nicht lösbar}$$

c)
$$a - c = -7 \quad \Rightarrow \quad 3c + 3 - c = -7$$
$$2c = -10 \quad \text{nicht lösbar}$$

Die Zahl 952 ist die einzige Zahl, die alle drei Bedingungen erfüllt.

15. Aufgabe

Wenn eine Zahl durch die neun genannten Zahlen 2, 3, 4, …, 10 teilbar ist, so ist sie auch durch deren kleinstes gemeinsames Vielfaches teilbar.
Es gilt
$$\text{kgV}(2, 3, 4, \ldots, 10) = 2^3 \cdot 3^2 \cdot 5 \cdot 7 = 2520.$$

Teilt man 1 000 000 durch 2520, so erhält man $396,8\ldots$. Die kleinste siebenstellige Zahl, die durch 2520 teilbar ist, wird durch das Produkt $397 \cdot 2520$, d.h. 1 000 440, dargestellt.
Entsprechend erhält man $9\,999\,360 = 3968 \cdot 2520$ als größte siebenstellige Zahl mit den Teilern 2, 3, 4, ..., 10.

Erweiterung
Aus diesen Ergebnissen folgt, daß es insgesamt 3572 siebenstellige Zahlen gibt, die gleichzeitig durch 2, 3, ..., 10 teilbar sind.
Daraus folgt aber auch, daß man den Wert von n noch weiter vergrößern kann.
Zum Nachweis der aufgestellten Behauptung über die Anzahl der siebenstelligen Zahlen mit den Teilern $2, 3, 4, \ldots, n$ vergrößern wir nun schrittweise die Zahl n, wobei nur die Zahlen n aufgeführt sind, bei denen sich das kgV jeweils vergrößert.

$$\begin{aligned}
\mathrm{kgV}(2, 3, \ldots, 11) &= 2^3 \cdot 3^2 \cdot 5 \cdot 7 \cdot 11 = 27\,720 \\
\mathrm{kgV}(2, 3, \ldots, 13) &= 2^3 \cdot 3^2 \cdot 5 \cdot 7 \cdot 11 \cdot 13 = 360\,360 \\
\mathrm{kgV}(2, 3, \ldots, 16) &= 2^4 \cdot 3^2 \cdot 5 \cdot 7 \cdot 11 \cdot 13 = 720\,720 \\
\mathrm{kgV}(2, 3, \ldots, 17) &= 2^4 \cdot 3^2 \cdot 5 \cdot 7 \cdot 11 \cdot 13 \cdot 17 = 12\,252\,240.
\end{aligned}$$

Bei einer weiteren Vergrößerung von n würde das kleinste gemeinsame Vielfache von $2, 3, 4, \ldots, n$ mindestens 12 252 240 betragen.
Von dieser achtstelligen Zahl (und jeder größeren) kann es aber kein siebenstelliges Vielfaches geben.
Dagegen ist für alle Zahlen $n \leq 16$ das kleinste gemeinsame Vielfache der Zahlen $2, 3, 4, \ldots, n$ ein Teiler von 720 720.
Die Zahl 720 720 hat 12 siebenstellige Vielfache, nämlich

$$\begin{aligned}
\text{von} \quad 2 \cdot 720\,720 &= 1\,441\,440 \\
\text{bis} \quad 13 \cdot 720\,720 &= 9\,369\,360.
\end{aligned}$$

Da jedes dieser Vielfachen von 720 720 auch ein Vielfaches der Teiler von 720 720 ist, ist auch die Erweiterung bewiesen.

16. Aufgabe

Bezeichnet man die gesuchten Zahlen der Größe nach mit a, b und c, so gilt nach Aufgabenstellung:

$$\mathrm{kgV}(a, b, c) = 2^3 \cdot 3^3 \cdot 5^2 \cdot 7 \qquad (1)$$

$$\mathrm{ggT}(a, b, c) = 2 \cdot 3^2 \cdot 5 \qquad (2)$$

Die Primfaktoren von 90 sind in allen drei Zahlen enthalten. Da b nach Aufgabenstellung eine Quadratzahl ist, sind in ihrer Primfaktorzerlegung *alle* Exponenten gerade. Deshalb gibt es für b nur eine Möglichkeit:

$$b = 2^2 \cdot 3^2 \cdot 5^2 = 900 \qquad (3)$$

Wegen der Bedingungen 1 bis 3 gilt für die Primfaktorzerlegungen von a und c:

I Genau eine der beiden Zahlen muß den Primfaktor 2^3, die andere den Primfaktor 2 enthalten.

II Mindestens eine der beiden Zahlen enthält 3^3. Beide Zerlegungen enthalten aber mindestens 3^2.

III Beide Zahlen weisen den Primfaktor 5, aber höchstens eine den Primfaktor 5^2 auf.

IV Mindestens eine der beiden Zerlegungen besitzt den Primfaktor 7.

Aus diesen Bedingungen und der Festlegung $a < b < c$ ergeben sich die folgenden Möglichkeiten für (a/c):

(90/7560)	(90/37800)	(270/2520)
(270/7560)	(270/12600)	(270/37800)
(360/1890)	(360/9450)	(450/7560)
(630/1080)	(630/5400)	(630/7560)
(630/37800)		

17. Aufgabe

Die Primfaktorzerlegung von 999 lautet $3^3 \cdot 37$. Die Potenz 999^n hat ebenfalls nur die Primfaktoren 3 und 37 und zwar den Primfaktor 3 insgesamt $3n$-mal und den Primfaktor 37 n-mal.
Um den größten Exponenten n zu bestimmen, für den 999^n ein Teiler von 1000! ist, muß die Anzahl der Primfaktoren 3 und 37 in 1000! bestimmt werden.
Jede durch 37 teilbare Zahl kleiner als 1000 ergibt mindestens einen Primfaktor 37. Wegen $999 = 37 \cdot 27$ gibt es 27 solche Zahlen. Keine dieser 27 Vielfachen von 37 enthält den Primfaktor 37 mehr als einmal.
Jede durch 3 teilbare Zahl kleiner als 1000 trägt mit mindestens einem Primfaktor 3 zur Primfaktorzerlegung von 1000! bei; es gibt somit mindestens 333mal den Primfaktor 3 in der Primfaktorzerlegung von 1000!. Damit wird der Exponent n in 999^n durch die Anzahl der Primfaktoren 37 in 1000! begrenzt.
Die Zahl 1000! ist durch 999^{27} teilbar.

18. Aufgabe

Ist $n = p_1^{r_1} \cdot p_2^{r_2} \cdot \ldots \cdot p_k^{r_k}$ die Primfaktorzerlegung von n mit $p_i \neq p_j$ für $i \neq j$, so hat die Zahl n genau

$$(r_1 + 1) \cdot (r_2 + 1) \cdot \ldots \cdot (r_k + 1)$$

Teiler.
Aus der Aufgabenstellung ergeben sich zwei Bedingungen:

a) Da die Zahl n durch 30 teilbar sein soll, muß sie die Primfaktoren 2, 3 und 5 jeweils mindestens einmal enthalten.

b) Da n genau 30 Teiler aufweisen soll, muß sich 30 als Produkt der um 1 erhöhten Exponenten r_i darstellen lassen. Als Zerlegung von 30 in mindestens drei Faktoren größer als 1 kommt aber nur die Primfaktorzerlegung $30 = 2 \cdot 3 \cdot 5$ in Frage.

Die Primfaktorzerlegung von n besteht genau aus drei verschiedenen Primfaktoren (2, 3 und 5) mit den Exponenten 1, 2 und 4.
Dafür gibt es sechs verschiedene Möglichkeiten:

$$\begin{aligned} n &= 2^1 \cdot 3^2 \cdot 5^4 = 11250 \\ n &= 2^1 \cdot 3^4 \cdot 5^2 = 4050 \\ n &= 2^2 \cdot 3^1 \cdot 5^4 = 7500 \\ n &= 2^2 \cdot 3^4 \cdot 5^1 = 1620 \\ n &= 2^4 \cdot 3^1 \cdot 5^2 = 1200 \\ n &= 2^4 \cdot 3^2 \cdot 5^1 = 720 \end{aligned}$$

19. Aufgabe

Der erste Spieler gewinnt immer, wenn er sich an folgende Strategie hält:

Variante 1
Der erste Spieler spielt so, daß er durch Legen von einem oder zwei Steinen nach seinem Zug dem Mitspieler *jeweils eine ungerade* Anzahl von freien Feldern hinterläßt. So wird er schließlich erreichen, daß nur noch drei Felder frei sind, wenn sein Mitspieler an den Zug kommt. Gleichgültig, ob dieser nun ein oder zwei freie Felder belegt, kann der erste Spieler dann das Spiel beenden.

Variante 2
Für gerade n besetzt er im ersten Zug die beiden Mittelfelder, für ungerade n das Mittelfeld mit einem Spielstein. Bei jedem weiteren Zug nutzt er die Symmetrie des Spielfeldes zur vertikalen Achse aus und setzt seinen Stein (seine Steine)

symmetrisch zu den Feldern, die vom Partner in dessen vorhergehenden Zug belegt wurden. Auf diese Weise wird der erste Spieler den letzten Zug machen und gewinnen.

20. Aufgabe

Zur Bestimmung der Anzahl der Möglichkeiten bauen wir zulässige Plazierungen schrittweise von oben nach unten auf. Gleichzeitig setzen wir weitere Türme so, daß die geforderten Symmetrieeigenschaften erfüllt sind.

Den ersten Turm kann man auf eines der acht Felder in der ersten Zeile stellen. Da die Gesamtfigur punktsymmetrisch werden soll, wird dadurch auch ein Feld in der letzten Zeile belegt. Beide Türme blockieren jeweils eine Spalte.
Der nächste Turm in der zweiten Reihe kann auf eines der noch nicht blockierten sechs freien Felder gesetzt werden, wodurch auch ein Feld in der vorletzten Zeile belegt wird.

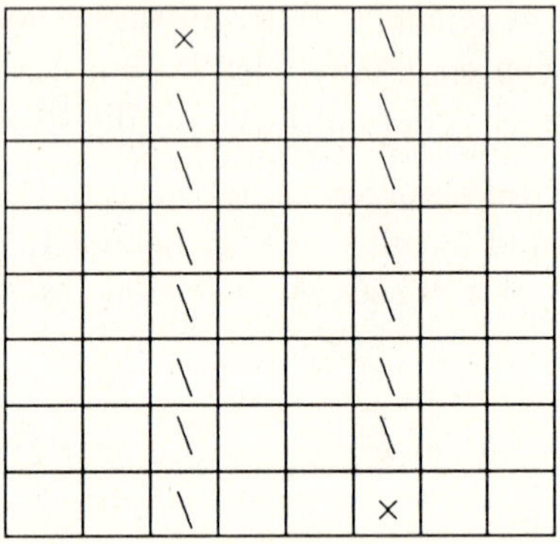

Fährt man auf diesem Weg fort, so erhält man als Anzahl A_p der Möglichkeiten für eine punktsymmetrische Aufstellung

$$A_p = 8 \cdot 6 \cdot 4 \cdot 2 = 384.$$

Jeweils zwei dieser Möglichkeiten sind achsensymmetrisch zueinander.
Die Anzahl der drehsymmetrischen Aufstellungen läßt sich auf vergleichbare Weise bestimmen, wenn man berücksichtigt, daß bei der Drehsymmetrie um 90°, 180° bzw. 270° durch einen gesetzten Turm gleichzeitig drei weitere Türme plaziert werden müssen. Außerdem können keine Türme in ein Diagonalenfeld gesetzt werden, da sich die Türme gegenseitig bedrohen würden, die bei der Drehung aufeinander abgebildet werden.
Es gibt $6 \cdot 2$ drehsymmetrische Aufstellungen, wobei jeweils zwei Möglichkeiten achsensymmetrisch sind.

21. Aufgabe

Betrachtet man zunächst einmal nur die erste Ungleichung, so liegen alle Punkte P mit der geforderten Eigenschaft in einer Halbebene, die durch die Mittelsenkrechte von AS begrenzt wird. (Abb. a)

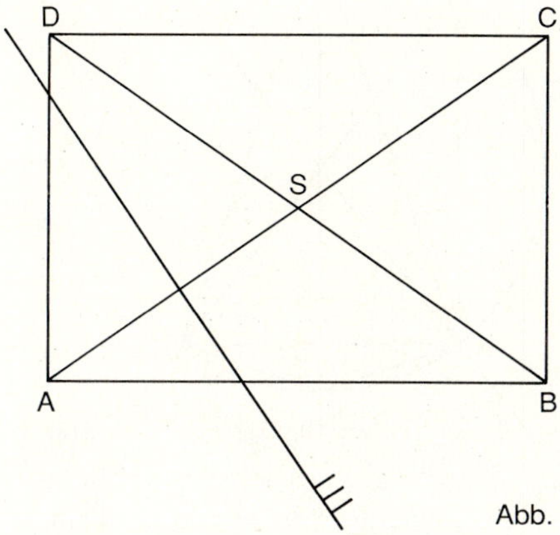

Abb. a

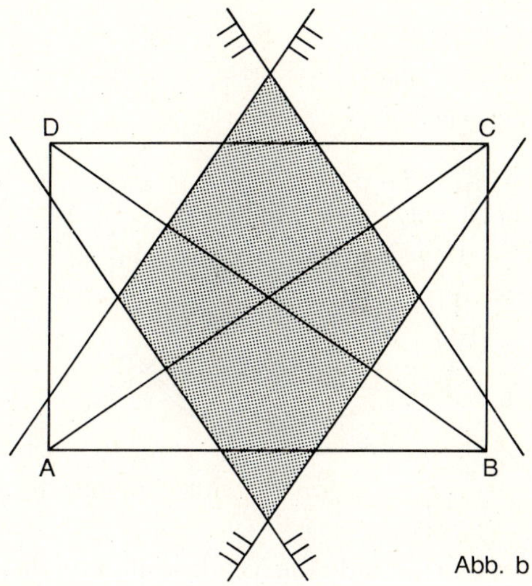

Abb. b

Entsprechendes gilt für die Punktmengen, welche die übrigen drei Ungleichungen erfüllen. Da P alle vier Ungleichungen gleichzeitig erfüllen soll, muß er in der Schnittmenge der vier Halbebenen liegen. (Abb. b)

Nach Konstruktion ist die Gesamtfigur punktsymmetrisch zu S und achsensymmetrisch zu den Mittellinien des Rechtecks. Diese Mittellinien bilden dabei die Diagonalen der Schnittmenge. Auf Grund dieser Symmetrieeigenschaften ist die Schnittmenge eine Raute.

22. Aufgabe

Zeichnet man den Kreis um P mit Radius $\overline{PA}$, so schneidet dieser Kreis die Gerade h in den Punkten B und B' sowie die Gerade l in den Punkten C und C'.
Die Dreiecke ABC, ABC', $AB'C$ und $AB'C'$ sind nicht kongruent, falls die Schnittwinkel der Geraden g, h und l nicht übereinstimmen. (Abb. a)

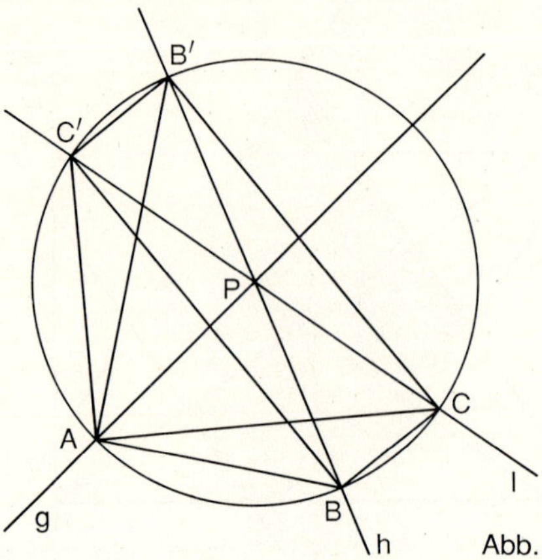

Abb. a

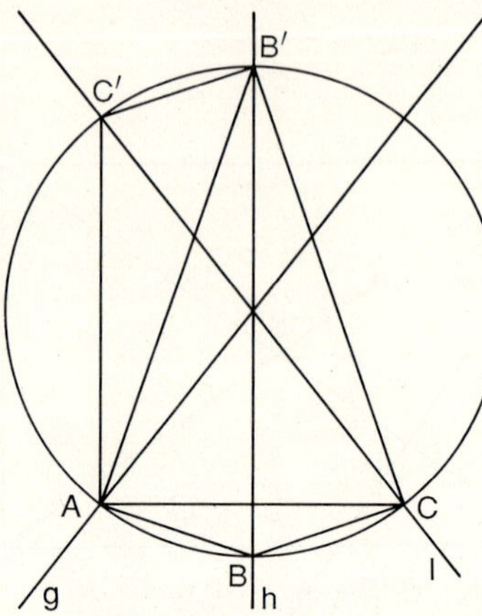

Abb. b

Ist eine Gerade die Winkelhalbierende der beiden anderen, so gibt es nur drei nicht kongruente Dreiecke, wie die Abbildung b zeigt.
Ist jede der Geraden die Winkelhalbierende der beiden anderen, so ist die Grundfigur drehsymmetrisch mit einem Drehwinkel von 60°. Es gibt dann nur zwei nicht kongruente Lösungsdreiecke.

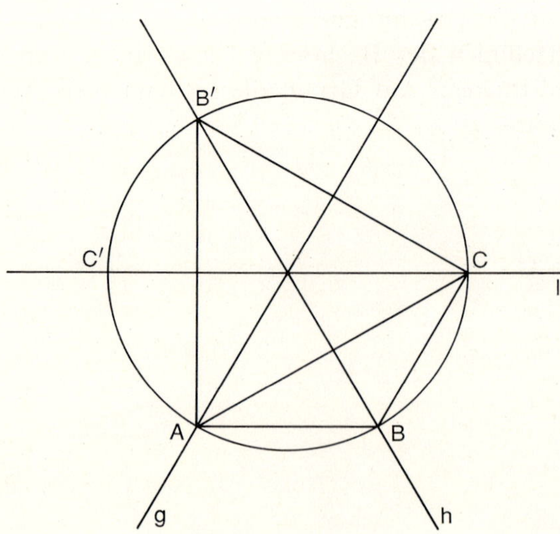

23. Aufgabe

Betrachtet man zunächst einmal nur zwei Punkte A und B, so besitzen alle Parallelen zu (AB) die geforderte Eigenschaft.

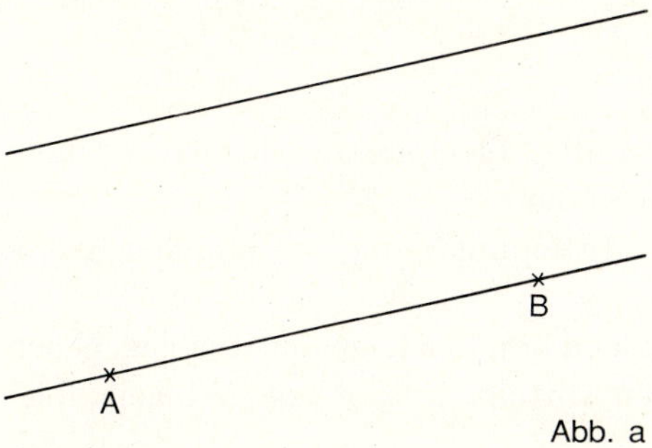

Abb. a

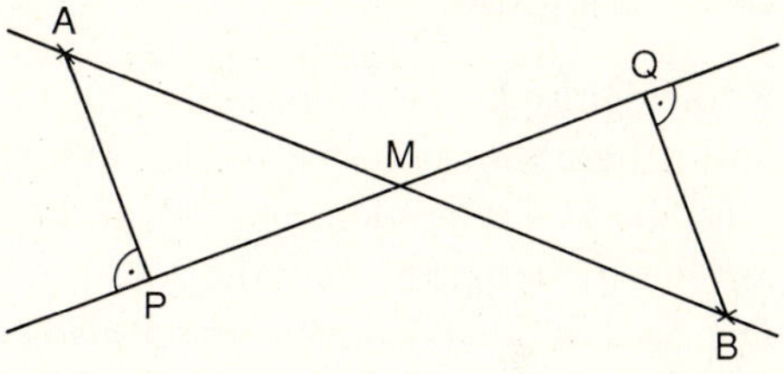

Abb. b

Auch alle Geraden durch den Mittelpunkt M der Strecke AB sind Lösungen des Problems. (Abb. b)
Die Dreiecke APM und BQM sind kongruent, da sie in allen Winkeln und den Streckenlängen $\overline{AM}$ und $\overline{BM}$ übereinstimmen. Damit sind aber auch die Abstände $\overline{AP}$ und $\overline{BQ}$ von der Geraden gleich.
Geht man nun zu drei Punkten A, B und C über, die nicht auf einer Geraden liegen, so sind die Mittelparallelen des Dreiecks ABC die gesuchten Punkte.

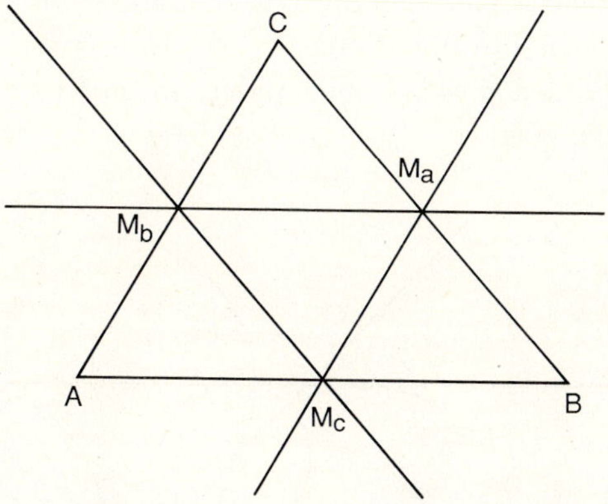

Betrachtet man z.B. die Parallele m_{AB} zur Seite AB durch die Mittelpunkte M_a und M_b, so sind die Punkte A und B von m_{AB} gleich weit entfernt. Als Gerade

durch M_a ist nach den Vorüberlegungen der Abstand von C zu m_{AB} ebenso groß wie der Abstand von B zu m_{AB}.
Damit stimmen aber alle drei Abstände überein.
Auf gleiche Weise begründet man, daß auch die beiden anderen Mittelparallelen die geforderte Eigenschaft haben.

24. Aufgabe

Schneiden sich zwei Geraden g und h, so liegen die Mittelpunkte aller Kreise, die g und h berühren, auf den beiden Winkelhalbierenden.
Sind die zwei Geraden parallel, so liegen die Mittelpunkte der berührenden Kreise auf der Mittelparallelen von g und h.
Die Anzahl der Lösungen hängt also entscheidend von der Lage der drei gegebenen Geraden g, h und k untereinander und zu ihren Mittelparallelen bzw. Winkelhalbierenden ab, falls diese existieren.
Zur systematischen Behandlung betrachten wir nun die möglichen Lagen der drei Geraden zueinander.

1) Alle drei Geraden sind parallel zueinander.
   Bei verschiedenen Abständen zwischen benachbarten Geraden gibt es keine geeigneten Kreise.
   Ist dagegen eine der Geraden die Mittelparallele der beiden anderen, so erfüllt jeder Kreis mit Mittelpunkt auf der Mittelparallelen und dem Abstand benachbarter Geraden als Radius die Bedingungen der Aufgabenstellung.
2) Alle drei Geraden gehen durch einen Punkt.
   Ist mindestens eine der Geraden die Winkelhalbierende der beiden anderen, so gibt es unendlich viele Lösungen, sonst ist die Konstruktion nicht durchführbar.
3) Sind zwei der Geraden parallel zueinander, so gibt es fünf Lösungen, wie die folgende Abbildung zeigt.

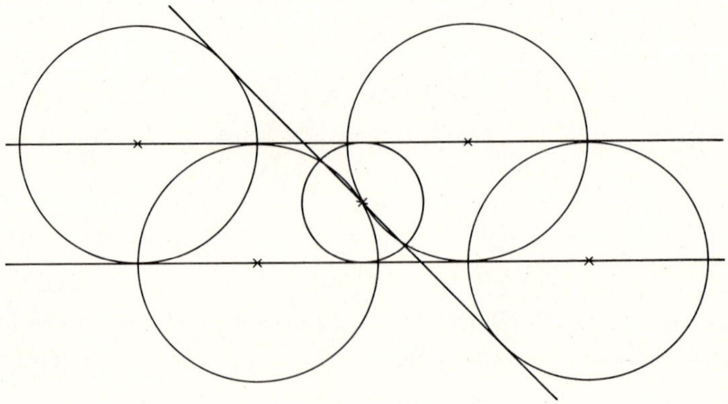

4) Es bleibt noch der allgemeine Fall zu untersuchen, bei dem sich die drei Geraden g, h und k in drei verschiedenen Punkten A, B und C schneiden.
Zu jeweils zwei Geraden gibt es zwei Winkelhalbierenden. Diese sechs Winkelhalbierenden sind von den gegebenen Geraden g, h und k verschieden. Neben den Schnittpunkten A, B und C der Geraden g, h und k gibt es maximal sechs weitere gemeinsame Punkte von den Geraden g, h und k und den Winkelhalbierenden.

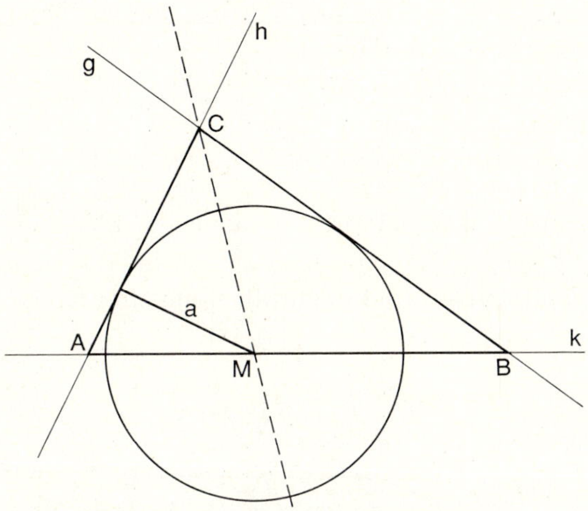

Jeder dieser Schnittpunkte ergibt den Mittelpunkt M eines geeigneten Kreises. M hat von g und h den gleichen Abstand a. Der Kreis um M mit Radius a berührt die Geraden g und h und erfüllt damit die Bedingungen der Aufgabenstellung.
Ist das Dreieck ABC gleichschenklig, so schneidet die Winkelhalbierende durch die Spitze C des gleichschenkligen Dreiecks die Basis senkrecht. Die zweite Winkelhalbierende durch C ist dann parallel zur Basis, so daß ein Schnittpunkt entfällt. Die nachstehende Abbildung zeigt die fünf Lösungskreise.

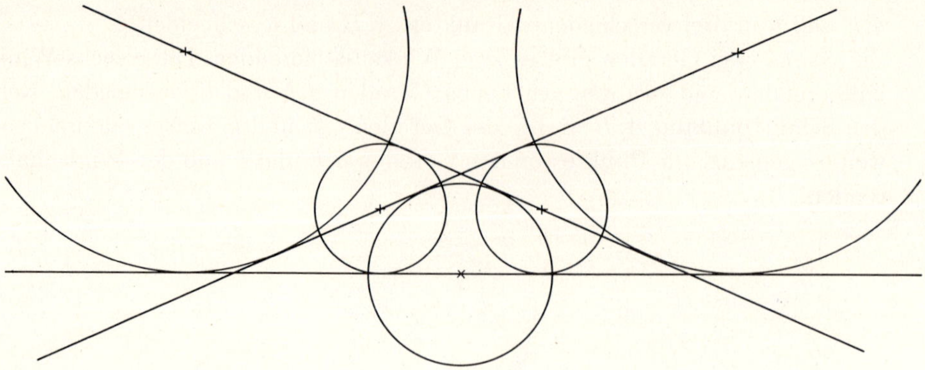

Bilden die Schnittpunkte der drei Geraden ein gleichseitiges Dreieck, so ist jede der drei Geraden zu genau einer der sechs Winkelhalbierenden parallel. Es gibt drei Schnittpunkte und damit auch nur drei Kreise mit der geforderten Eigenschaft.

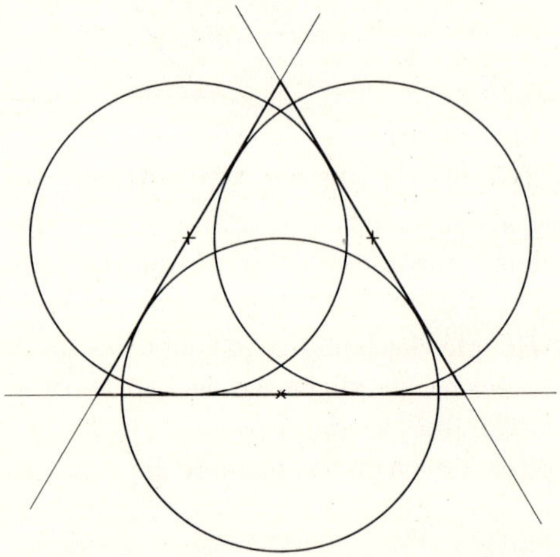

25. Aufgabe

Es gibt insgesamt 13 verschiedene Parallelogramme, die den Bedingungen der Aufgabenstellung entsprechen.

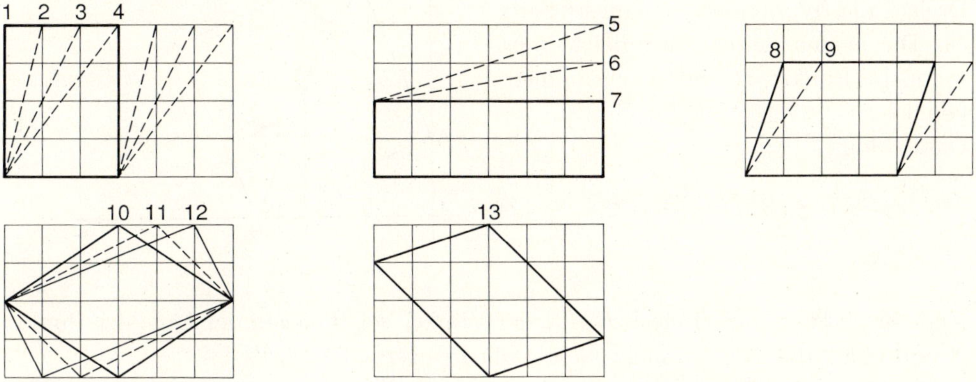

26. Aufgabe

Zeichnet man die Parallelen zu den beiden Koordinatenachsen durch den Diagonalenschnittpunkt M, so entstehen die rechtwinkligen Dreiecke AMY und BMX. Diese beiden Dreiecke stimmen in den Winkeln und in den Streckenlängen $\overline{AM}$ und $\overline{BM}$ überein und sind deshalb kongruent.

Dies bedeutet insbesondere, daß auch $\overline{XM} = \overline{YM}$ gilt und der Punkt M deshalb stets auf der Winkelhalbierenden im ersten Feld des Koordinatensystems liegt. Das Viereck $OXMY$ ist deshalb ein Quadrat.

Um die Lage des Punktes M auf der Winkelhalbierenden genauer zu beschreiben, bestimmt man die Entfernung des Punktes M vom Koordinatenursprung O.

Aus der Quadrateigenschaft von $OXMY$ folgt

$$\overline{OM} = \overline{OX} \cdot \sqrt{2}. \qquad (1)$$

Zur Berechnung von $\overline{XM}$ betrachtet man das rechtwinklige Dreieck BMX. Die Streckenlänge $\overline{BM}$ ist stets größer oder gleich $\overline{XM}$, da im rechtwinkligen Dreieck die Hypotenuse die längste Seite ist. Die beiden Seiten sind gleich lang, wenn die Punkte B und X zusammenfallen.
Daraus folgt

$$\overline{XM} \leq \overline{BM} = \frac{1}{2} \cdot a\sqrt{2}. \qquad (2)$$

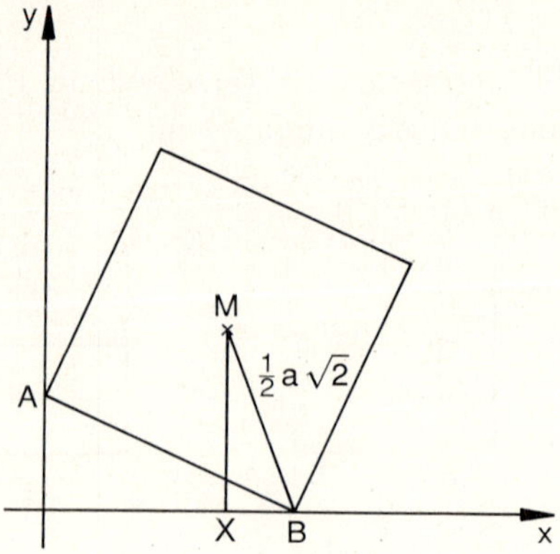

Andererseits kann im Dreieck BMX der Winkel bei B wegen der Lage der Punkte A und B auf den Achsen nicht kleiner als 45° werden.
In der Grenzlage fällt A (oder B) mit dem Koordinatenursprung 0 zusammen. Die Strecke XM (oder YM) ist dann die Höhe im gleichschenklig-rechtwinkligen Dreieck ABM und es gilt

$$\overline{XM} = \frac{1}{2} \cdot a. \qquad (3)$$

Zusammenfassung
Der Punkt M durchläuft bei der Bewegung des Quadrates im ersten Feld eine Strecke auf der Winkelhalbierenden. Für den Abstand vom Ursprung gilt nach den Eigenschaft (1) bis (3) die Beziehung

$$\frac{a}{2} \cdot \sqrt{2} \leq \overline{OM} \leq a.$$

27. Aufgabe

Die Mittelpunkte der Strecke PQ erzeugen die schraffierte Fläche und deren Begrenzung. Dabei sind R, S und T die Mittelpunkte der Dreiecksseiten.

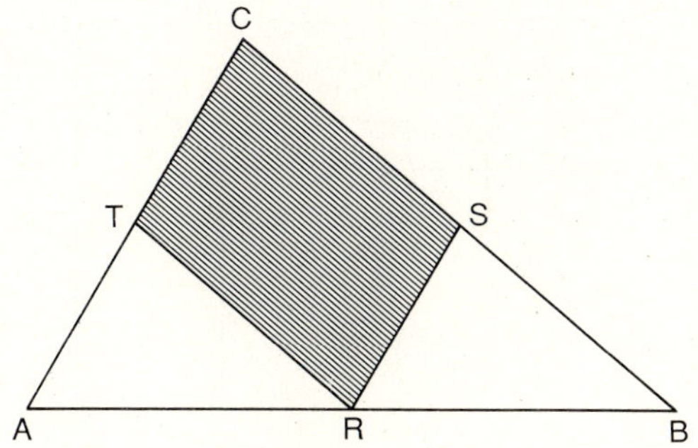

Begründung
Hält man Q in A fest und läßt P die Strecke BC durchlaufen, so entsteht RT als Ort der Mittelpunkte. Nach der Umkehrung des ersten Strahlensatzes ist die Linie der Mittelpunkte parallel zu BC. Die Strecke RT verbindet als Mittellinie im Dreieck ABC die Mittelpunkte der Seiten AB und AC.
Entsprechend wird RS durch Festhalten des Punktes P in B erzeugt. Die beiden übrigen Seiten CS und CT entstehen, wenn P bzw. Q mit C zusammenfällt und der jeweils andere Punkt die Strecke AC bzw. BC durchläuft. Auf Grund dieser Konstruktion ist das Viereck $RSCT$ ein Parallelogramm.
Liegen sowohl P als auch Q im Innern der Dreiecksseiten AC bzw. BC, so befindet sich der Mittelpunkt der Strecke PQ im Innern des Parallelogramms $RSCT$.

28. Aufgabe

Betrachten wir zunächst die beiden Extremfälle, daß P mit den Endpunkten A bzw. A' zusammenfällt.
Im ersten Fall muß Q dann mit A' zusammenfallen, da dies der einzige Punkt der Deckfläche ist, der von A den Abstand a hat. Der Mittelpunkt von AA' ist dann auch gleichzeitig Mittelpunkt von PQ.
Fällt P mit A' zusammen, so beschreibt Q einen Viertelkreis um A' mit Radius a innerhalb des Quadrates $A'B'C'D'$. Die Mittelpunkte liegen auf einem Viertelkreis um A' mit dem Radius $\frac{1}{2}a$.
Liegt P im Inneren der Strecke AA', so bilden die Punkte P, Q und A' ein rechtwinkliges Dreieck, da die Strecke AA' orthogonal auf der Fläche $A'B'C'D'$ steht.
Der Punkt A' liegt also immer auf dem Thaleskreis über der Strecke PQ. Der Radius aller dieser Kreise beträgt $\frac{1}{2}a$.

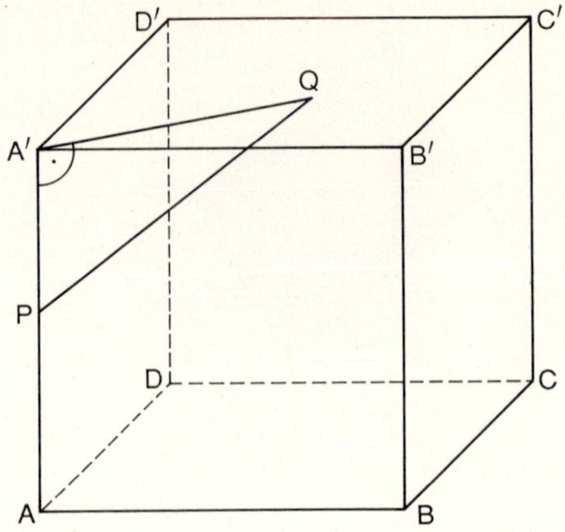

Der Abstand des Punktes A' vom Mittelpunkt der Strecke PQ ist konstant – nämlich $\frac{1}{2}a$.

Deshalb liegen alle Mittelpunkte auf einer Kugel um A' mit Radius $\frac{1}{2}a$. Nimmt man die beiden eingangs behandelten Fälle hinzu, so wird der geometrische Ort aller Mittelpunkte von PQ durch die Schnittmenge der Kugel um A' mit Radius $\frac{1}{2}a$ mit dem Würfelkörper gebildet.

29. Aufgabe

1. Lösungsweg

Zur Lösung der Aufgabe betrachten wir ein Koordinatensystem, bei dem der Fußpunkt S' der Leuchtturmspitze durch $(0/0)$ und der Fußpunkt F' der Fahnenspitze durch $(a/0)$ dargestellt wird. Das Boot habe die Koordinaten $B(x/y)$.

Die Linie, auf der sich das Boot bewegen muß, soll durch eine Beziehung zwischen der x- und der y-Koordinate von B beschrieben werden.

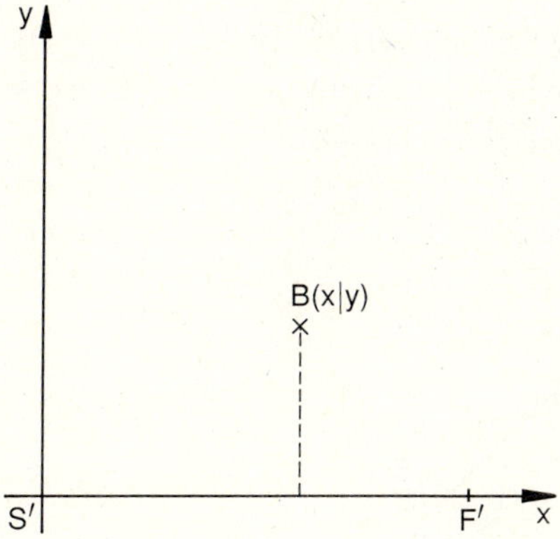

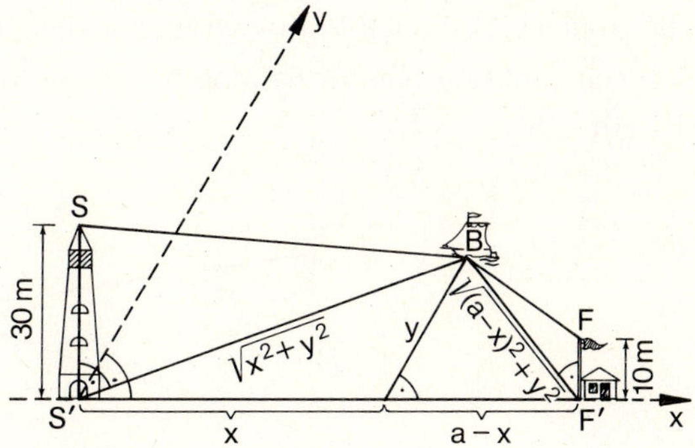

Die Dreiecke $BF'F$ und $BS'S$ stimmen in den Winkeln bei B nach Aufgabenstellung und in den Winkeln bei S' bzw. F' überein.
Die Dreiecke sind deshalb ähnlich. Mit den Benennungen und Maßen der Abbildung gilt:

$$\frac{30^2}{x^2+y^2} = \frac{10^2}{(a-x)^2+y^2}.$$

Umformen führt zu

$$9(a-x)^2 + 9y^2 = x^2 + y^2$$
$$8x^2 - 18ax + 9a^2 + 8y^2 = 0$$
$$x^2 - \frac{9}{4}\cdot ax + \frac{9}{8}\cdot a^2 + y^2 = 0$$
$$\left(x - \frac{9}{8}\cdot a\right)^2 + y^2 = \frac{9}{64}a^2.$$

Dies ist die Gleichung eines Kreises mit dem Mittelpunkt $(\frac{9}{8}\cdot a/0)$ und dem Radius $\frac{3}{8}\cdot a$.
Die beiden Jungen müssen das Boot also auf einem Kreisbogen halten.

2. Lösungsweg

In der untenstehenden Figur sind die Dreiecke $BS'S$ und $BF'F$ rechtwinklig. Da die Höhenwinkel nach Voraussetzung gleich groß sein sollen, kann man mit Hilfe der Tangensfunktion eine Beziehung zwischen $\overline{BS'}$ und $\overline{BF}'$ herstellen.
Es gilt $\overline{BS}' = 3 \cdot \overline{BF}'$.

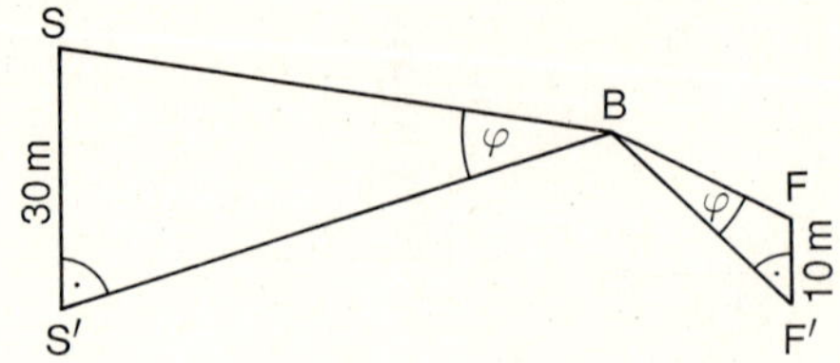

Zusammen mit dem Ansatz

$$x^2 + y^2 = \overline{S'B}^2$$

und

$$(a - x)^2 + y^2 = \overline{F'B}^2$$

erhält man daraus nach einigen Umformungen wieder die Gleichung des Kreises.

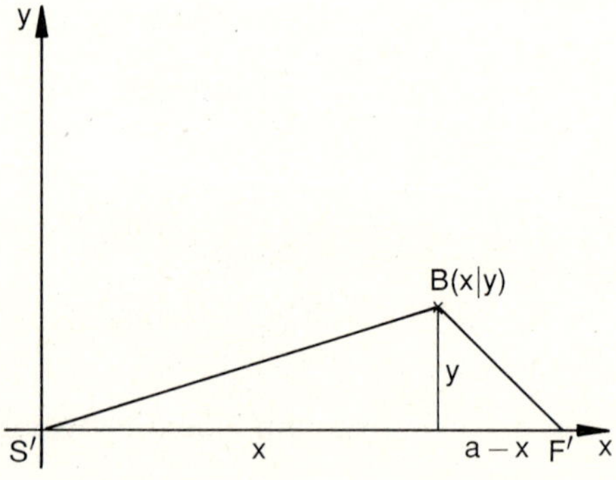

30. Aufgabe

An den Beispielen kann man beobachten, daß die Anzahl der Summanden ungerade ist und jeweils mit dem mittleren Summanden übereinstimmt. Der Summenwert ist das Quadrat des mittleren Summanden.
Um diese Beobachtung zu beweisen, nennt man den mittleren Summanden n. Die übrigen Summanden werden dann durch $n \pm 1$, $n \pm 2$, usw. und der Summenwert durch n^2 beschrieben.

Begründung
Bei der Addition aller n Summanden bleibt nur n-mal der Wert n übrig, alle übrigen Zahlen heben sich paarweise auf.
Der Summenwert ist also $n \cdot n = n^2$.

31. Aufgabe

Aus weiteren Beispielen kann man ablesen, daß die größere Zahl stets das Dreifache der kleineren ist.
Zum Nachweis dieser Beobachtung setzt man $m > n$ und $m, n \in \mathbb{N}$ voraus. Aus der Aufgabenstellung folgt die Bedingung

$$m - n = (m + n) : 2$$

und durch Umformung schließlich $m = 3n$.

32. Aufgabe

Jede fünfstellige Zahl der Form $\overline{ab0ab}$ entsteht aus der zweistelligen Zahl $\overline{ab}$ durch Multiplikation mit 1001.
Da 1001 durch 91 teilbar ist, gilt dies auch für $1001 \cdot \overline{ab}$. Wegen $1001 : 91 = 11$, ergibt die Division von $\overline{ab0ab}$ durch 91 das Elffache der ursprünglichen Zahl $\overline{ab}$.

33. Aufgabe

Führt man den beschriebenen Vorgang mehrfach durch, so erhält man als Wert des Quotienten jeweils 999.
Um diese Beobachtung zu beweisen, bezeichnet man die beiden dreistelligen Zahlen mit n und m.
Die Bildung der sechsstelligen Zahlen läßt sich dann durch die Terme $1000n + m$ bzw. $1000m + n$ beschreiben. Ist $n > m$, so werden die Differenzen der sechsstelligen bzw. dreistelligen Zahlen durch

$$1000n + m - (1000m + n) = 999n - 999m = 999 \cdot (n - m) \quad \text{bzw.} \quad n - m$$

dargestellt, woraus sich der Nachweis der Beobachtung ergibt.

34. Aufgabe

Alle Beispiele sind von der Form

$$\frac{1}{n} = \frac{1}{n+1} + \frac{1}{n \cdot (n+1)}.$$

Durch Ausmultiplizieren zeigt man sofort, daß diese Aussage allgemeingültig ist.

35. Aufgabe

Von jedem der 10 Punkte gehen 9 Strecken aus. Bildet man das Produkt $10 \cdot 9$, so wird dabei jede der Verbindungsstrecken doppelt gezählt, da jede Strecke bei jedem ihrer Endpunkte berücksichtigt wird. Die Anzahl der Verbindungsstrecken beträgt also $10 \cdot 9 : 2 = 45$.
Betrachtet man eine Figur mit n Punkten, so gehen von jedem der n Punkte $n - 1$ Strecken aus. Auch dabei wird jede Strecke doppelt gezählt, so daß die Anzahl der Verbindungsstrecken durch den Term $\frac{1}{2} \cdot n \cdot (n - 1)$ dargestellt wird.

36. Aufgabe

Um die maximale Anzahl von Schnittpunkten zu erhalten, muß man die Geraden so zeichnen, daß keine zwei Geraden parallel sind und sich drei Geraden nicht in einem Punkt schneiden.

Unter diesen Voraussetzungen schneidet jede der n Geraden die übrigen $(n-1)$ jeweils in einem Punkt. Auf jeder der n Geraden liegen somit $(n-1)$ Schnittpunkte. Da jeder dieser Schnittpunkte doppelt gezählt wird, kann man die Maximalzahl nach der Formel $\frac{1}{2} \cdot n \cdot (n-1)$ berechnen.

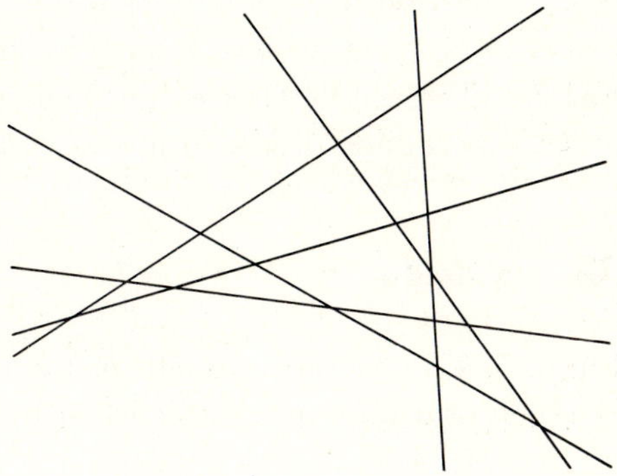

37. Aufgabe

Die Basis des gleichseitigen Dreiecks wird von n Streichhölzern gebildet. Die nächste, dazu parallel verlaufende Linie, enthält noch $n-1$ Hölzchen, die nächste $n-2$ usw. bis schließlich nur noch ein Hölzchen in einer Reihe liegt. Die gleiche Überlegung gilt für die Linien in den beiden anderen Richtungen.

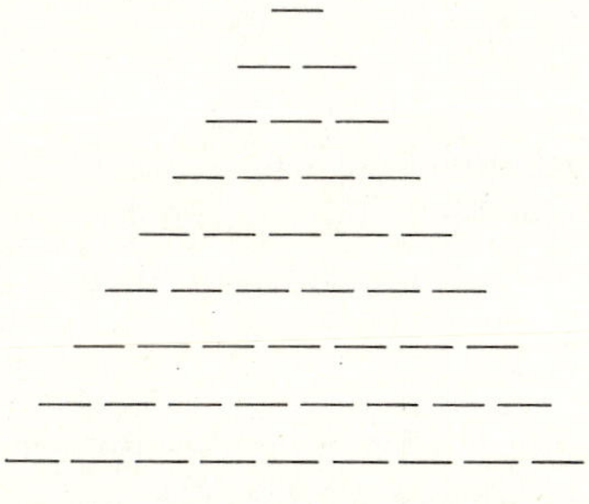

Die Gesamtzahl der Hölzchen beträgt deshalb

$$A = 3 \cdot (1 + 2 + 3 + \cdots + (n-1) + n)$$

Die Summe S der ersten n natürlichen Zahlen kann man mit Hilfe des Produktes $\frac{1}{2} \cdot n \cdot (n-1)$ leicht berechnen. Diese Formel erhält man aus der folgenden Darstellung:

$$\begin{array}{rcl}
S &=& 1 + 2 + 3 + \cdots + (n-2) + (n-1) + n \\
S &=& n + (n-1) + (n-2) + \cdots + 3 + 2 + 1 \\
\hline
2S &=& \underbrace{(n+1) + (n+1) + (n+1) + \cdots + (n+1) + (n+1) + (n+1)}_{n\text{-mal der Summand } (n+1).}
\end{array}$$

Als Produkt erhält man daraus $2S = n \cdot (n+1)$ und damit die angegebene Formel $S = \frac{1}{2} \cdot n \cdot (n+1)$ für die Summe der ersten n natürlichen Zahlen.
Für das gleichseitige Dreieck mit den 20 Streichhölzern längs der Seite erhält man unter Verwendung dieser Formel insgesamt 630 Hölzchen.

38. Aufgabe

Für 4, 5, 6, ... Geraden erhält man maximal 11, 16, 22, ... Gebiete, wenn sich alle Geraden paarweise in verschiedenen Punkten schneiden.

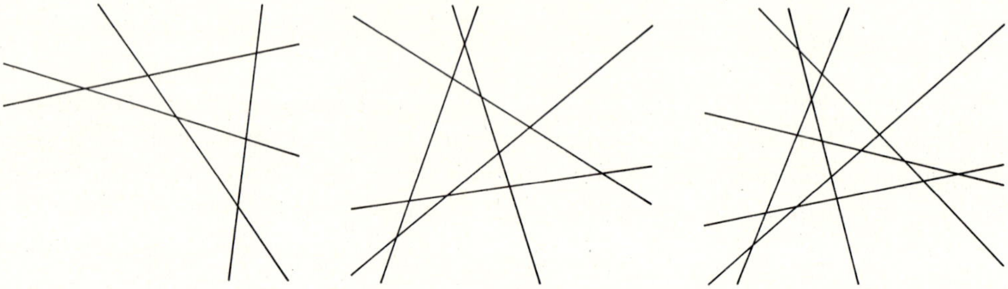

Sind bereits $(n-1)$ Geraden gezeichnet und trägt man in diese Figur eine weitere Gerade so ein, daß sie zu keiner bisherigen parallel ist und durch keinen der bereits vorhandenen Schnittpunkte geht, so erhält man n *neue* Gebiete.

Begründung
Die zuletzt gezeichnete Gerade g schneidet alle übrigen Geraden in einem Punkt. Diese $(n-1)$ Schnittpunkte zerlegen die Gerade g in n Abschnitte. Jeder dieser n Abschnitte teilt ein vorhandenes Gebiet in zwei, so daß sich die Anzahl der Gebiete um n erhöht.
Da vor dem Zeichnen der ersten Geraden bereits ein Gebiet vorhanden war, erhält man als maximale Anzahl der Gebiete bei n Geraden die Summe $1 + 1 + 2 + 3 + \cdots + (n-1) + n$. Dies ist die um eins vermehrte Summe der ersten n natürlichen Zahlen.
Da sich die Summe der ersten n natürlichen Zahlen durch $\frac{1}{2}n \cdot (n+1)$ beschreiben läßt (siehe Lösung zu Aufgabe 37), können n Geraden eine Ebene in höchstens $\frac{1}{2}n \cdot (n+1) + 1$ Gebiete zerlegen.

39. Aufgabe

a) Für 5, 6, ... Geraden gibt es unter den genannten Bedingungen 15, 24, ... Strecken, wie die beiden folgenden Bilder für 5 und 6 Geraden zeigen.

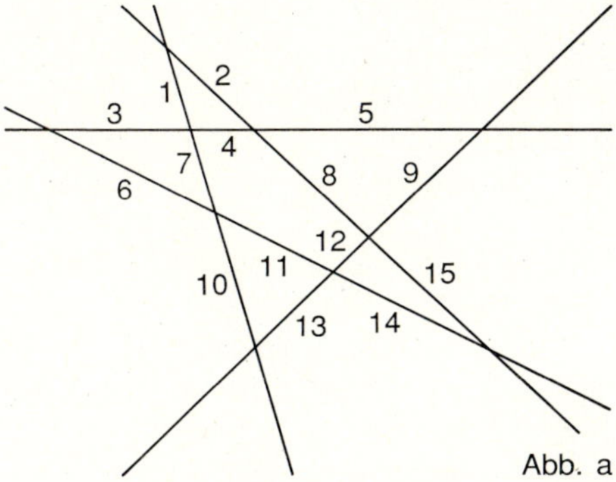

Abb. a

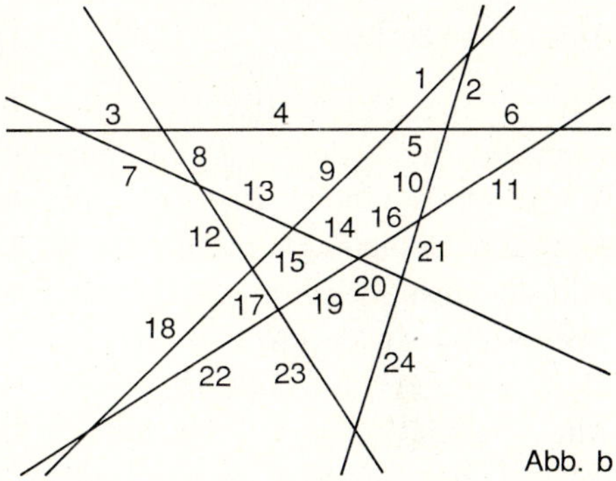

Abb. b

Die Zahlenfolge für die Anzahl der Strecken geht dann mit 35, 48, 63 für 7, 8, 9 Geraden weiter.

b) Auf jeder der n Geraden gibt es $n-1$ Schnittpunkte, da sich alle Geraden in paarweise verschiedenen Punkten schneiden sollen. Diese $n-1$ Schnittpunkte zerlegen jede Gerade in $n-2$ Strecken. Auf den n Geraden gibt es somit $n \cdot (n-2)$ Strecken.

40. Aufgabe

Baut man die Figur schrittweise auf, so erkennt man, daß eine Gerade die Zeichenebene in zwei unbeschränkte Gebiete zerlegt.

Beim Einzeichnen der zweiten Geraden erhält man vier unbeschränkte Gebiete, sofern sich die beiden Geraden schneiden. Trägt man weitere Geraden in die Figur ein, so erhält man bei 3, 4, 5, ... Geraden nacheinander 6, 8, 10... unbeschränkte Gebiete.
Daraus ergibt sich die Vermutung, daß die Anzahl $G(n)$ der unbeschränkten Teilgebiete bei n Geraden $2n$ beträgt, sofern nicht alle Geraden parallel zueinander sind.
Zum Nachweis dieser Vermutung genügt es zu zeigen, daß beim Einzeichnen jeder Geraden zwei neue unbeschränkte Gebiete hinzukommen.
In einer Figur seien bereits n Geraden eingetragen, die nicht alle parallel zueinander sind.

Zeichnet man die $(n+1)$-te Gerade ein, so wird sie durch die Schnittpunkte mit den bereits vorhandenen Geraden in Abschnitte zerlegt. Da nicht alle Geraden parallel zueinander sind, gibt es auf der $(n+1)$-ten Geraden mindestens einen Schnittpunkt.

Die Gerade wird durch die Schnittpunkte (den Schnittpunkt) in mindestens zwei Abschnitte zerlegt.

Zwei dieser Abschnitte sind nicht beschränkt. Sie zerlegen jeweils ein nicht beschränktes Gebiet in zwei nicht beschränkte Gebiete. Dadurch wird die Anzahl der nicht beschränkten Gebiete um zwei erhöht. In der Abbildung sind dies die Gebiete 1b und 2b.
Alle beschränkten Abschnitte der $(n + 1)$-ten Geraden zerlegen ein beschränktes Gebiet in zwei beschränkte (siehe 3a und 3b) und ein unbeschränktes Gebiet in ein beschränktes und ein unbeschränktes (siehe 4a und 4b).

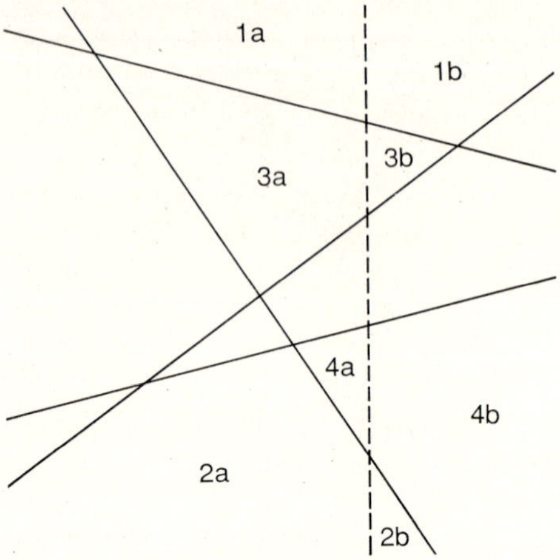

Durch die beschränkten Abschnitte der $(n + 1)$-ten Geraden wird also die Anzahl der unbeschränkten Gebiete nicht verändert.
Insgesamt erhält man durch das Einzeichnen der $(n + 1)$-ten Geraden zwei neue unbeschränkte Gebiete.

Anmerkung
Die Lösung entspricht – abgesehen von der formalen Darstellung – einer Vollständigen Induktion.

41. Aufgabe

Die Aussagen lassen sich jeweils in der Form $a_n^2 + b_n^2 = c_n^2$ darstellen.
Die Zahlen a_n sind die Folge der ungeraden Zahlen und lassen sich durch $a_n = 2n+1$ beschreiben.
Die Bestimmung des Bildungsgesetzes für die Zahlen b_n ist wesentlich schwieriger zu erkennen. Um eine Vermutung für dieses Bildungsgesetz zu erhalten, wenden wir das Verfahren des Differenzenschemas an:

4		12		24		40
	8		12		16	
		4		4		

Daraus erhält man den Term

$$b_n = 4 + 8 \cdot (n-1) + \frac{1}{2} \cdot 4 \cdot (n-1) \cdot (n-2)$$

als vermutliches Bildungsgesetz für die Zahlenfolge 4, 12, 24, 40, ...
Durch Ausmultiplizieren und Zusammenfassen ergibt sich die vereinfachte Darstellung $b_n = 2n^2 + 2n$.
Die Zahlen c_n lassen sich dann in der Form $c_n = 2n^2 + 2n + 1$ beschreiben.
Setzt man die Terme für a_n, b_n und c_n in die Gleichung

$$a_n^2 + b_n^2 = c_n^2$$

ein, so erhält man nach Anwendung der binomischen Formeln eine wahre Aussage.

42. Aufgabe

1. Lösung
Aus der Lösung der vorhergehenden Aufgabe erhält man für die Basen a_n der größten Summanden der linken Seite das Bildungsgesetz

$$a_n = 2n^2 + 2n. \qquad (*)$$

Behält man zunächst zur Vereinfachung der Darstellung die Bezeichnung a_n bei, so läßt sich jede der vorgegebenen Gleichungen in der Form

$$(a_n - n)^2 + (a_n - n + 1)^2 + \cdots + (a_n - 1)^2 + a_n^2 = (a_n + 1)^2 + (a_n + 2)^2 + \cdots + (a_n + n)^2$$

mit $n \in \mathbb{N}$ schreiben.
Faßt man dann in der folgenden Weise zusammen

$$a_n^2 = (a_n + 1)^2 - (a_n - 1)^2 + (a_n + 2)^2 - (a_n - 2)^2 + - \cdots + (a_n + n)^2 - (a_n - n)^2,$$

multipliziert aus und vereinfacht zu

$$\begin{aligned} a_n^2 &= 4a_n + 4 \cdot 2a_n + 4 \cdot 3a_n + \cdots + 4 \cdot na_n \\ &= 4a_n \cdot (1 + 2 + 3 + \cdots + n), \end{aligned}$$

so erhält man mit Hilfe der Summenformel (siehe Aufgabe 37) für die ersten n natürlichen Zahlen

$$a_n^2 = 2 \cdot a_n \cdot n(n+1).$$

Ersetzt man nun a_n entsprechend $(*)$ durch den Term $2n^2 + 2n$, so stellt man durch Ausmultiplizieren fest, daß die letzte Gleichung für alle natürlichen Zahlen n gilt.

2. Lösung
Betrachtet man die Folge der kleinsten Zahlen in jeder Gleichung, so erhält man das Differenzenschema

$$\begin{array}{ccccccc} 3 & & 10 & & 21 & & 36 \\ & 7 & & 11 & & 15 & \\ & & 4 & & 4 & & \end{array}$$

und wird damit auf den Ansatz

$$b_n = 3 + 7 \cdot (n-1) + \frac{1}{2} \cdot 4 \cdot (n-1) \cdot (n-2)$$

$$b_n = 2n^2 + n$$

geführt. Damit erhält man genau die gleiche allgemeine Darstellung wie bei der ersten Lösung.

3. Lösung
Bei der dritten Lösung geht man von der Beobachtung aus, daß jede Gleichung aus einer ungeraden Anzahl $[2n+1]$ von aufeinanderfolgenden Quadratzahlen besteht. Nennt man die Basis der mittleren Quadratzahl a, so kann man aus dem Ansatz

$$(a-n)^2 + (a-(n-1))^2 + \cdots + (a-1)^2 + a^2 = (a+1)^2 + (a+2)^2 + \cdots + (a+n)^2$$

eine Bedingung für a ableiten.
Ausrechnen mit Hilfe der binomischen Formeln und Zusammenfassen führt auf das Zwischenergebnis

$$a^2 - 4(1+2+3+\cdots+n) \cdot a = 0.$$

Für $a \neq 0$ und mit $1+2+3+\cdots+n = \frac{1}{2} \cdot n \cdot (n+1)$ erhält man daraus die Bedingung $a = 2n^2 + 2n$, die sich bereits als vermutetes Bildungsgesetz bei der ersten Lösung ergeben hatte.

43. Aufgabe

1. Lösung
Die maximale Anzahl von Dreiecken wird erzielt, wenn keine zwei Geraden parallel zueinander sind und keine drei einen gemeinsamen Schnittpunkt haben.
In diesem Fall ist die Anzahl der Schnittpunkte auf jeder der n Geraden gleich $(n-1)$ und die Gesamtzahl durch $\frac{1}{2} \cdot n \cdot (n-1)$ gegeben. (Siehe Aufgabe 36)

Greift man sich nun einen dieser Schnittpunkte (z.B. A) heraus, so liegen auf den beiden Geraden g und h außer A noch jeweils $(n-2)$ weitere Punkte. Jede der $(n-2)$ Geraden (außer g und h) bestimmen ein Punktepaar (P, Q) mit $P \in g$ und $Q \in h$.
Jedes dieser Punktepaare legt zusammen mit A ein Dreieck fest, dessen Seiten durch gegebene Geraden gebildet werden. Es gibt also $(n-2)$ Dreiecke mit dem Eckpunkt A.

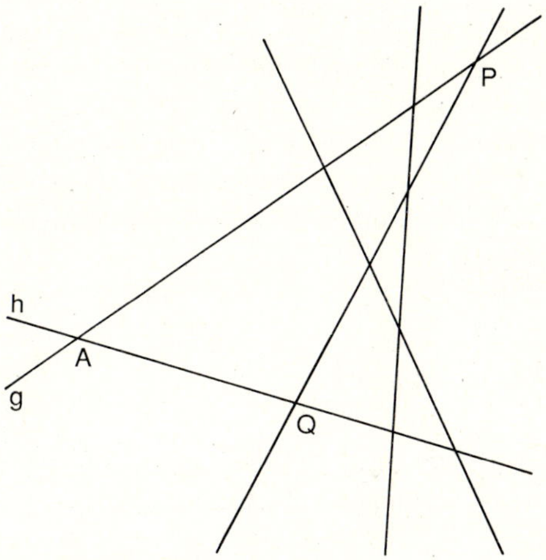

Diese Überlegungen gelten für alle Schnittpunkte gleichermaßen mit der Einschränkung, daß dann jedes Dreieck dreifach – nämlich für jeden Eckpunkt – gezählt wurde.
Das Produkt $\frac{1}{2} \cdot n \cdot (n-1) \cdot (n-2)$ ist deshalb noch durch 3 zu dividieren.
Die maximale Anzahl $D(n)$ von Dreiecken, die durch n Geraden gebildet werden, erhält man damit aus der Formel

$$D(n) = \frac{n \cdot (n-1) \cdot (n-2)}{6}.$$

2. Lösung
Bestimmt man zeichnerisch die Anzahl der Dreiecke für kleine Anzahlen von Geraden, so erhält man folgende Werte:

Anzahl der Geraden	0	1	2	3	4	5	6	7	8
Anzahl der Dreiecke	0	0	0	1	4	10	20	35	56

Wendet man auf diese Zahlenfolge das Differenzenschema an (siehe Anhang), so erhält man

0	0	0	1	4	10	20	35	56
0	0	1	3	6	10	15	21	
0	1	2	3	4	5	6		
1	1	1	1	1	1			

Nach dem dort angegebenen Verfahren ergibt sich daraus der Ansatz

$$D(n) = 0 + 0 \cdot n + \frac{0 \cdot n \cdot (n-1)}{2} + \frac{1 \cdot n \cdot (n-1) \cdot (n-2)}{6},$$

womit genau die auch in der ersten Lösung bestimmte Formel erreicht ist. Die aus den Beispielen gewonnene Formel stellt nur eine Vermutung dar und müßte noch durch geometrische Überlegungen wie z.B. beim ersten Lösungsweg bewiesen werden.

44. Aufgabe

Bezeichnet man den kleinsten Summanden mit a, so erhält man für die Summe aus drei aufeinanderfolgenden Zahlen

$$a + (a+1) + (a+2) = 3a + 3 = 3 \cdot (a+1).$$

Das Produkt $3 \cdot (a+1)$ ist durch 3 teilbar.
Für die Summe aus vier Summanden erhält man

$$a + (a+1) + (a+2) + (a+3) = 4a + 6.$$

Da $4a$ durch 4 teilbar ist, die Zahl 6 aber nicht, kann die Summe nicht durch 4 teilbar sein.
Für eine Summe aus n Summanden erhält man die Darstellung:

$$a + (a+1) + \cdots + (a+n-1) = na + 1 + 2 + \cdots + n - 1.$$

Die Teilbarkeit durch n ist dann erfüllt, wenn die Summe der ersten $(n-1)$ natürlichen Zahlen durch n teilbar ist. Diese Summe kann einfacher dargestellt werden durch:

$$1 + 2 + \cdots + (n-1) = \frac{(n-1) \cdot n}{2}.$$

Die aufeinanderfolgenden Zahlen $n-1$ und n sind teilerfremd. Die Teilbarkeit des Zählers durch n ist genau dann gesichert, wenn $n-1$ durch 2 teilbar ist.
Die Teilbarkeit der n aufeinanderfolgenden Zahlen ist deshalb genau dann gegeben, wenn n ungerade ist.

45. Aufgabe

Zerlegt man den Term $n^5 - n$ in Faktoren, so erhält man

$$\begin{aligned} n^5 - n &= n \cdot (n^4 - 1) \\ &= n \cdot (n^2 - 1) \cdot (n^2 + 1) \\ &= n \cdot (n - 1) \cdot (n + 1) \cdot (n^2 + 1). \end{aligned}$$

Die Primfaktorzerlegung von 120 lautet:

$$120 = 2^3 \cdot 3 \cdot 5.$$

Der Term $n^5 - n$ ist genau dann durch 120 teilbar, wenn er durch 2^3, 3 und 5 teilbar ist.

Teilbarkeit durch 3
Von den drei aufeinanderfolgenden Zahlen $n-1$, n und $n+1$ ist genau eine durch 3 teilbar.

Teilbarkeit durch 5
Die Teilbarkeit des Termes $n^5 - n$ durch 5 ist eine Folgerung aus dem Kleinen Satz von Fermat, wonach für jede Primzahl p und jede natürliche Zahl n der Term $n^p - n$ durch p teilbar ist.
Im vorliegenden Fall sei der Nachweis zusätzlich auf einem zweiten Weg erbracht.
Jede natürliche Zahl n läßt sich in der Form $n = 5m + r$ mit $n \in \mathbb{N}$ und $r \in \{0, 1, 2, 3, 4\}$ beschreiben.
Nimmt r die Werte 0, 1 oder 4 an, so ist n, $n-1$ bzw. $n+1$ durch 5 teilbar. Für $r = 2$ bzw. $r = 3$ zeigt man durch Berechnen von $n^2 + 1$ mit $n = 5m + 2$ bzw. $n = 5m + 3$ leicht, daß $n^2 + 1$ in diesen Fällen durch 5 teilbar ist.

Zwischenergebnis:
Aus dem bisher Betrachteten folgt die Teilbarkeit von $n^5 - n$ durch 3 und 5 für alle $n \in \mathbb{N}$. Es bleibt noch die Teilbarkeit durch 2^3 zu untersuchen.

Wenn n ungerade ist, so sind die Faktoren $n-1$, $n+1$ und n^2+1 gerade. Der Term $n^5 - n$ ist dann zumindest durch 2^3 teilbar. Für gerade n ist die Teilbarkeit durch 2^3 nur dann gesichert, wenn n selbst durch 2^3 teilbar ist.

Zusammenfassend ergibt sich die Aussage:
Der Term $n^5 - n$ ist genau dann durch 120 teilbar, wenn n ungerade oder ein Vielfaches von 8 ist.

46. Aufgabe

Setzt man für n in die Terme $n^2 + 1$ und $(n+1)^2 + 1$ kleine Zahlen ein, so erhält man als größten gemeinsamen Teiler stets die Zahlen 1 oder 5.
Diese Eigenschaften sollen nun allgemein bewiesen werden.
Es sei d der größte gemeinsame Teiler der beiden Terme. Es gibt dann natürliche Zahlen a und b mit:

$$a \cdot d = n^2 + 1 \tag{1}$$

$$b \cdot d = (n+1)^2 + 1. \tag{2}$$

Subtrahiert man die beiden Gleichungen, so ergibt sich

$$d \cdot (b - a) = 2n + 1.$$

Löst man die letzte Gleichung nach n auf und setzt in (1) ein, so entsteht daraus nach einigen Umformungen

$$4ad = a^2d^2 - 2abd^2 + b^2d^2 + 2ad - 2bd + 5.$$

Dividiert man durch d, so erhält man die Darstellung

$$4a = a^2d - 2abd + b^2d + 2a - 2b + \frac{5}{d}.$$

Mit Ausnahme des Bruches sind alle anderen Summanden als Produkte von natürlichen Zahlen selbst natürliche Zahlen. Die Teilbarkeit von 5 durch d ist demnach eine notwendige Voraussetzung für die Gültigkeit dieser Gleichung.

Zwischenergebnis:
Als gemeinsame Teiler kommen also nur die Zahlen 1 oder 5 in Frage.
Es muß nun noch bestimmt werden, durch welche Bedingung die natürlichen Zahlen n beschrieben werden, für die der (größte) gemeinsame Teiler von $n^2 + 1$ und $(n+1)^2 + 1$ den Wert 5 hat.
Probiert man es mit kleinen Zahlen bis $n = 15$, so gibt es nur für 2, 7 und 12 den gemeinsamen Teiler 5. Daraus läßt sich die Vermutung ableiten, daß die beiden Terme nur dann den gemeinsamen Teiler 5 besitzen, wenn n bei Division durch 5 den Rest 2 ergibt.
Durch den Ansatz

$$n = 5m + k \qquad \text{mit} \qquad m \in \mathbb{N}_0 \quad \text{und} \quad k \in \{0, 1, 2, 3, 4\},$$

wird jede natürliche Zahl n eindeutig dargestellt.
Ersetzt man n in den beiden Termen $n^2 + 1$ und $(n+1)^2 + 1$, so nehmen sie die Form

$$25m^2 + 10km + k^2 + 1 \tag{$*$}$$

bzw.

$$25m^2 + 10km + k^2 + 10m + 2k + 2 \qquad (**)$$

an.

Wenn zwei Zahlen x und y den gemeinsamen Teiler d besitzen, so ist auch ihre Differenz $x - y$ durch d teilbar. Die Teilbarkeit der Differenz von $x - y$ durch d ist andererseits eine notwendige Voraussetzung dafür, daß x und y gleichzeitig durch d teilbar sind.

Betrachtet man die Differenz der beiden Terme, so erhält man $10m + 2k + 1$. Dieser Term ist wegen $k \in \{0, 1, 2, 3, 4\}$ nur für $k = 2$ durch 5 teilbar.

Andererseits läßt sich durch Einsetzen leicht zeigen, daß die Terme $(*)$ und $(**)$ für $k = 2$ ebenfalls durch 5 teilbar sind.

Zusammenfassend kann man feststellen:

Die Terme $n^2 + 1$ und $(n + 1)^2 + 1$ sind genau dann nicht teilerfremd, wenn n bei Division durch 5 den Rest 2 ergibt. Der gemeinsame Teiler ist dann 5.

47. Aufgabe

Zerlegt man die Differenz der Quadratzahlen mit Hilfe der dritten binomischen Formel, so erhält man

$$\begin{array}{ccccccccc} (6-5) & \cdot & (6+5) & = & 1 & \cdot & 11 & = & 11 \\ (56-45) & \cdot & (56+45) & = & 11 & \cdot & 101 & = & 1111 \\ (556-445) & \cdot & (556+445) & = & 111 & \cdot & 1001 & = & 111111. \end{array}$$

1. Lösung

$$\begin{aligned} &(\underbrace{555\ldots5}_{n\text{-mal}}6 - \underbrace{444\ldots4}_{n\text{-mal}}5) \cdot (555\ldots6 + 444\ldots45) \\ &= \underbrace{1111\ldots1111}_{(n+1)\text{-mal}} \cdot \underbrace{1000\ldots000}_{n\text{-mal}}1 \\ &= 1111\ldots1111 \cdot (1\underbrace{00\ldots000}_{(n+1)\text{-mal}}+1) \\ &= 1111\ldots1111 \cdot 100\ldots000 + 1111\ldots1111 \\ &= \underbrace{1111\ldots1111}_{(n+1)\text{-mal}}\underbrace{0000\ldots000}_{(n+1)\text{-mal}} + \underbrace{1111\ldots1111}_{(n+1)\text{-mal}} \\ &= \underbrace{1111\ldots11111111\ldots1111}_{2\cdot(n+1)\text{-mal}} \end{aligned}$$

2. Lösung
Die Zahl $(10^k - 1) : 9$ besteht aus k-mal der Ziffer 1. Damit läßt sich die Behauptung auch in der Form

$$\left(5 \cdot \frac{10^n - 1}{9} + 1\right)^2 - \left(4 \cdot \frac{10^n - 1}{9} + 1\right)^2 = \frac{10^{2n} - 1}{9}$$

darstellen.
Durch Anwenden der binomischen Formeln und Zusammenfassen der Summanden auf der linken Seite erhält man eine wahre Aussage für alle $n \in \mathbb{N}$.

48. Aufgabe

Die Anzahl $S(n)$ der Bälle in einer Schicht mit n Bällen längs einer Kante ergibt sich aus der Summe der ersten n natürlichen Zahlen.
In der obersten Schicht liegt 1 Ball, in der nächsten liegen 3 Bälle, dann 6 usw.

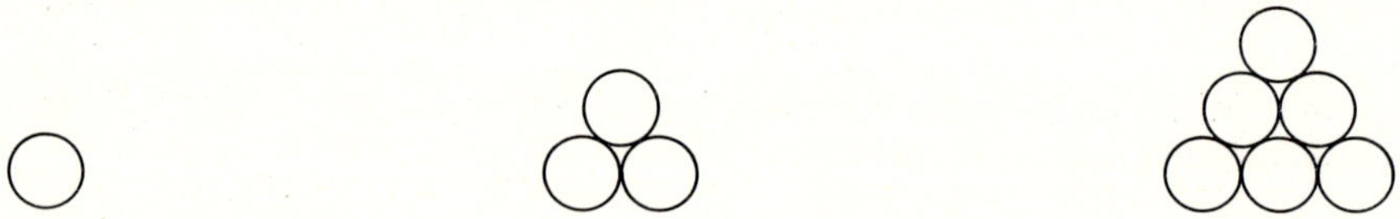

Das Problem besteht also darin, die Summe einer Zahlenfolge zu bilden, bei der die einzelnen Folgeglieder selbst Summen aus den ersten n natürlichen Zahlen sind.

$$\begin{aligned}
1 &= 1 \\
1 + 2 &= 3 \\
1 + 2 + 3 &= 6 \\
1 + 2 + 3 + 4 &= 10 \\
&\vdots \\
1 + 2 + 3 + 4 + \cdots + (n-1) + n &= \tfrac{1}{2} \cdot n \cdot (n+1)
\end{aligned}$$

Lösung 1
Berechnet man damit die ersten Folgeglieder wie oben und stellt das Differenzenschema auf, so erhält man durch einen Vergleich mit Aufgabe 43) für die Anzahl $T(n)$ der Tennisbälle:

$$T(n) = \frac{1}{6} n \cdot (n+1) \cdot (n+2).$$

Diese Formel ist aus den Anfangsgliedern der Zahlenfolge 1, 4, 10, 20, 35, 56, ... abgeleitet worden und stellt deshalb nur eine Vermutung dar.
Um sie zu beweisen, kann man die Methode der Vollständigen Induktion verwenden. Für diesen Nachweis ist wichtig, daß sich die Gesamtzahl der Tennisbälle um

$$1 + 2 + 3 + \cdots + (n-1) + n = \frac{1}{2} \cdot n \cdot (n+1)$$

vergrößert, wenn man zu einer Pyramide mit $(n-1)$ Schichten eine weitere Schicht hinzufügt, bei der längs einer Kante dann n Bälle liegen.
Zwischen $T(n)$ und $T(n-1)$ besteht die rekursive Beziehung

$$T(n) = T(n-1) + \frac{1}{2} \cdot n(n+1).$$

Da die vermutete Formel $T(n) = \frac{1}{6}n \cdot (n+1) \cdot (n+2)$ für $n = 1$ richtig ist und die rekursive Beziehung für alle $n \geq 2$ durch Ersetzen von $T(n)$ bzw. $T(n-1)$ zu einer wahren Aussage wird, ist die vermutete Formel bewiesen.
Die beiden folgenden Lösungen nutzen eine geschickte Erweiterung des Zahlenschemas

$$\begin{array}{l}
1 \\
1+2 \\
1+2+3 \\
1+2+3+4 \\
\vdots \\
1+2+3+4+\cdots+(n-1) \\
1+2+3+4+\cdots+(n-1)+n.
\end{array}$$

Die Gesamtsumme wird mit T bezeichnet.

Lösung 2
Zunächst ergänzt man das Zahlendreieck durch Spiegelung des ursprünglichen Zahlendreiecks zu einem Zahlenquadrat.

$$\left.\begin{array}{llll}
1+1+1+1+1+1+1+ & & +\ 1 & +\ 1 \\
1+2+2+2+2+2+2+ & & +\ 2 & +\ 2 \\
1+2+3+3+3+3+3+ & & +\ 3 & +\ 3 \\
1+2+3+4+ & & +\ 4 & +\ 4 \\
\vdots & & & \\
 & & +(n-2) & +(n-2) \\
1+2+3+4+ & & +(n-1) & +(n-1) \\
1+2+3+4+ & \cdots & +(n-1) & +\ n
\end{array}\right\} n \text{ Zeilen}$$

Bis auf die Zahlen in der Diagonalen von links oben nach rechts unten wurde jede Zahl aus dem ursprünglichen Zahlendreieck nochmals aufgeschrieben. In dieser Diagonalen stehen die Zahlen

$$1,\ 2,\ 3,\ 4,\ \ldots,\ (n-1), n$$

jeweils einmal.
Die Summe aller Zahlen im Zahlenquadrat läßt sich deshalb durch

$$2 \cdot T - (1 + 2 + 3 + \cdots + (n-1) + n) = 2T - \frac{1}{2} \cdot n \cdot (n+1) \qquad (*)$$

beschreiben.
Betrachtet man die einzelnen Zeilen, so erhält man als Summe der Zahlen in der

ersten Zeile	n
zweiten Zeile	$2n - 1$
dritten Zeile	$3n - (1 + 2)$
vierten Zeile	$4n - (1 + 2 + 3)$
$\vdots$	
n-ten Zeile	$n \cdot n - (1 + 2 + 3 + \cdots + (n-1))$.

Durch Addition dieser Terme kann man ebenfalls die Summe aller Zahlen im Zahlenquadrat auf eine andere Weise beschreiben.
Betrachtet man jedoch die Subtrahenden genauer, so stellt man fest, daß ihre Summe mit Ausnahme der letzten Zeile mit dem ursprünglichen Zahlendreieck übereinstimmt. Die Summe der Subtrahenden läßt sich deshalb in der Form

$$T - (1 + 2 + 3 + \cdots + (n-1) + n) = T - \frac{1}{2} \cdot n \cdot (n+1)$$

angeben. Für die Summe der Zeilensummen erhält man

$$\begin{aligned} n \cdot (1 + 2 + 3 + \cdots + n) - \left[T - \frac{1}{2} \cdot n \cdot (n+1)\right] & \\ &= n \cdot \frac{1}{2} \cdot n \cdot (n+1) - T + \frac{1}{2} \cdot n \cdot (n+1) \\ &= \frac{1}{2} \cdot n \cdot (n+1) \cdot [n+1] - T \qquad (**) \end{aligned}$$

Setzt man die beiden Darstellungen für die Summe aller Zahlen im Zahlenquadrat gleich, so erhält man daraus

$$\begin{aligned} 2T - \frac{1}{2} \cdot n \cdot (n+1) &= \frac{1}{2} \cdot n \cdot (n+1) \cdot (n+1) - T \\ 3T &= \frac{1}{2} \cdot n \cdot (n+1)[n+1+1] \\ T &= \frac{1}{6} \cdot n \cdot (n+1) \cdot (n+2). \end{aligned}$$

Damit erhält man die gleiche Darstellung für die Summe T im Zahlendreieck wie in Lösung 1.

Lösung 3

Ergänzt man das Zahlendreieck auf die folgende Weise

$$\left.\begin{array}{l} 1+2+3+4+ \quad\quad +(n-1)+n \\ 1+2+3+4+ \quad\quad +(n-1)+n \\ 1+2+3+4+ \quad\quad +(n-1)+n \\ 1+2+3+4+ \quad\quad +(n-1)+n \\ 1+2+3+4+ \quad\quad +(n-1)+n \\ \vdots \\ 1+2+3+4+ \quad\quad +(n-1)+n \\ 1+2+3+4+\cdots+(n-1)+n, \end{array}\right\} (n+1)\text{ Zeilen}$$

so steht in jeder Spalte $(n+1)$-mal die gleiche Zahl. Allerdings wurden in der ersten Spalte 1, in der zweiten Spalte $2 \cdot 2$, in der dritten Spalte $3 \cdot 3$ usw. hinzugefügt. Die Summe der Zahlen im Dreieck wurde also um die Summe der Quadrate

$$1^2 + 2^2 + 3^2 + \cdots + (n-1)^2 + n^2$$

vergrößert. Für die Summe der ersten n Quadratzahlen kann man aus Formelsammlungen die Produktdarstellung

$$1^2 + 2^2 + 3^3 + \cdots + (n-1)^2 + n^2 = \frac{1}{6} \cdot n \cdot (n+1) \cdot (2n+1)$$

entnehmen.

Für die Summe T der Zahlen im ursprünglichen Dreieck gilt dann

$$T = (n+1) \cdot [1 + 2 + 3 + \cdots + (n-1) + n] - \frac{1}{6} \cdot n \cdot (n+1) \cdot (2n+1)$$

$$T = (n+1) \cdot \frac{1}{2} \cdot n \cdot (n+1) - \frac{1}{6} \cdot n \cdot (n+1) \cdot (2n+1)$$

$$T = \frac{1}{6} \cdot n \cdot (n+1) \cdot [3n + 3 - (2n+1)]$$

$$T = \frac{1}{6} \cdot n \cdot (n+1) \cdot (n+2).$$

Damit ergibt sich auch bei diesem Lösungsweg die bekannte Formel.

49. Aufgabe

Durch zweifache Anwendung der dritten binomischen Formel erhält man einen rationalen Nenner. Für einen Nenner mit zunächst drei irrationalen Summanden bedeutet dies:

$$\begin{aligned}\frac{1}{\sqrt{a}+\sqrt{b}+\sqrt{c}} &= \frac{\sqrt{a}-\sqrt{b}-\sqrt{c}}{(\sqrt{a}+\sqrt{b}+\sqrt{c}) \cdot (\sqrt{a}-\sqrt{b}-\sqrt{c})} \\ &= \frac{\sqrt{a}-\sqrt{b}-\sqrt{c}}{a-b-c-2\sqrt{b}\sqrt{c}} \\ &= \frac{(\sqrt{a}-\sqrt{b}-\sqrt{c}) \cdot (a-b-c+2\sqrt{b}\sqrt{c})}{(a-b-c-2\sqrt{b}\sqrt{c}) \cdot (a-b-c+2\sqrt{b}\sqrt{c})}.\end{aligned}$$

Der Nenner wird durch Ausmultiplizieren rational.

Man erhält $\dfrac{(\sqrt{a}-\sqrt{b}-\sqrt{c}) \cdot (a-b-c+2\sqrt{b}\sqrt{c})}{a^2+b^2+c^2-2ab-2ac-2bc}$.

50. Aufgabe

Die Lösung der beiden Teilaufgaben baut auf gleichseitigen Dreiecken auf. Deshalb werden zunächst einige Aussagen über die Anzahl von gleichseitigen Dreiecken hergeleitet, die zur Erstellung von größeren gleichseitigen Dreiecken erforderlich sind.

Ein gleichseitiges Dreieck mit der Seitenlänge 1 wird im folgenden als Elementardreieck bezeichnet.

Bildet man gleichseitige Dreiecke mit 1, 2, 3, ... Längeneinheiten als Seitenlängen, so werden dafür 1, 4, 9, ... Elementardreiecke benötigt.
Daraus kann man die Vermutung ableiten, daß für ein gleichseitiges Dreieck mit der Seitenlänge k insgesamt k^2 Elementardreiecke benötigt werden.

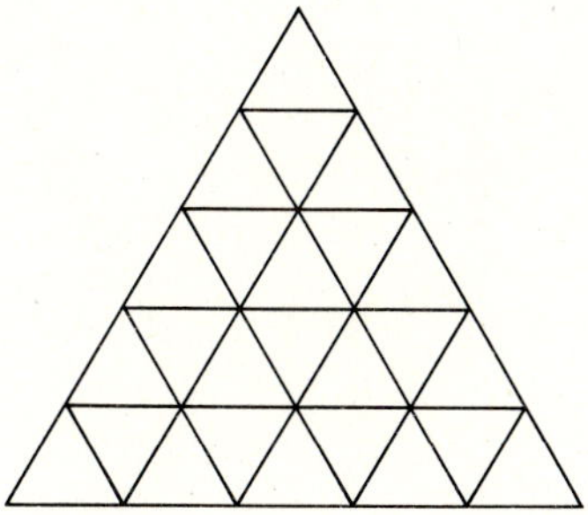

Lösung 1
Diese Behauptung läßt sich mit Hilfe der Vollständigen Induktion bestätigen, wobei man zusätzlich berücksichtigt, daß beim Übergang von einem gleichseitigen Dreieck mit der Seitenlänge k zu einem gleichseitigen Dreieck mit der Seitenlänge $k+1$ insgesamt $2k+1$ neue Elementardreiecke erforderlich sind.

Lösung 2
Da die Elementardreiecke sich lückenlos und überschneidungsfrei zum gleichseitigen Dreieck zusammenfügen, kann man die Anzahl der Dreiecke auch durch einen Flächenvergleich bestimmen.
Ein gleichseitiges Dreieck mit der Seitenlänge k geht aus einem Elementardreieck durch eine zentrische Streckung mit dem Streckfaktor k hervor. Dadurch vergrößert sich der Flächeninhalt um den Faktor k^2. Die Bildfigur setzt sich damit aus k^2 Elementardreiecken zusammen.
Nach diesen Überlegungen zu gleichseitigen Dreiecken können wir jetzt zur ursprünglichen Aufgabenstellung zurückkehren.

a) Regelmäßige Sechsecke mit der Seitenlänge k entstehen dadurch, daß man sechs gleichseitige Dreiecke dieser Seitenlänge zusammenfügt.
Ein regelmäßiges k-Sechseck besteht deshalb aus $6 \cdot k^2$ Elementardreiecken.

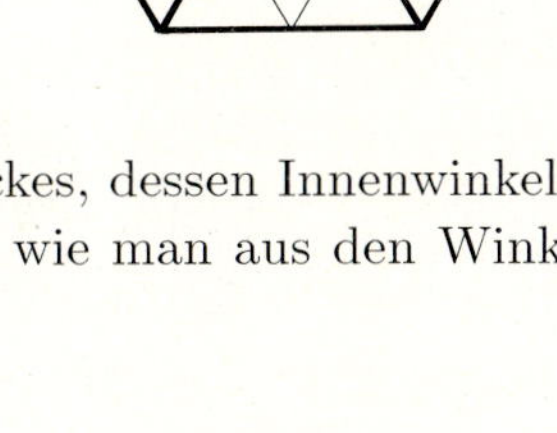

b) Verlängert man die Seiten eines Sechseckes, dessen Innenwinkel alle 120° betragen, so entsteht ein gleichseitiges Dreieck, wie man aus den Winkeln in der Figur sofort erkennt.

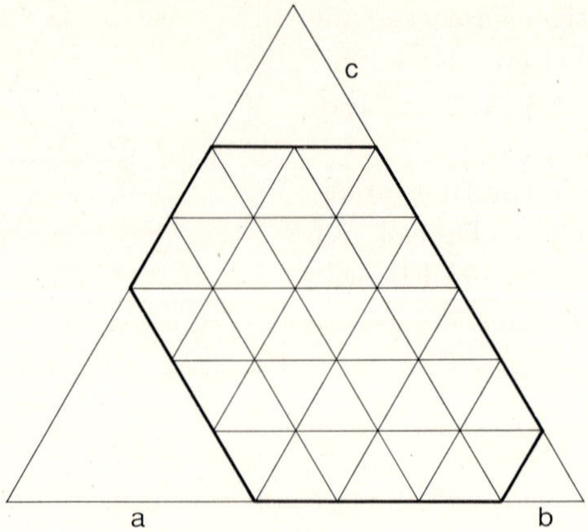

Umgekehrt erhält man ein Sechseck mit den geforderten Eigenschaften dadurch, daß man von einem gleichseitigen Dreieck mit der Seitenlänge s an den Ecken gleichseitige Dreiecke mit den Seitenlängen a, b und c entfernt. Um jeweils Innenwinkel von 120° sicherzustellen, müssen die Maßzahlen a, b, c und $s \in \mathbb{N}$ die folgenden Forderungen erfüllen.

I $\qquad a, b, c \geq 1$

II $\qquad a + b < s; \quad a + c < s; \quad b + c < s$

Die Anzahl n der verbleibenden Elementardreiecke läßt sich dann in der Form

$$n = s^2 - a^2 - b^2 - c^2$$

darstellen.

51. Aufgabe

Das Produkt der fünf Zahlen ist nur dann ungerade, wenn alle fünf Zahlen ungerade sind. Die Summe von fünf ungeraden Zahlen ist ungerade.

52. Aufgabe

a) Mit den angegebenen Verknüpfungen erhält man

$$(12 * 26) \# 8 = (2 \cdot 12 \cdot 26) \# 8 = 624 \# 8 = 2 \cdot 624 - 8 = 1240$$
$$12 * (26 \# 8) = 12 * (2 \cdot 26 - 8) = 12 * 44 = 2 \cdot 12 \cdot 44 = 1056$$

d.h.,

$$(12 * 26) \# 8 > 12 * (26 \# 8).$$

b) Die angegebene Bedingung ist gleichwertig zu:

$$\begin{aligned} 2 \cdot a \cdot a &= 2 \cdot a - a \\ 2 \cdot a^2 &= a \\ a \cdot (2a - 1) &= 0 \\ a = 0 \quad &\vee \quad a = 0,5 \end{aligned}$$

53. Aufgabe

Aus dem Gesamtflächeninhalt von 100 cm^2 und der angegebenen Verteilung auf die Teilflächen folgt:

$$\begin{aligned} A_1 &= 10\,\mathrm{cm}^2 \\ A_2 &= 20\,\mathrm{cm}^2 \\ A_3 &= 30\,\mathrm{cm}^2 \\ A_4 &= 40\,\mathrm{cm}^2. \end{aligned}$$

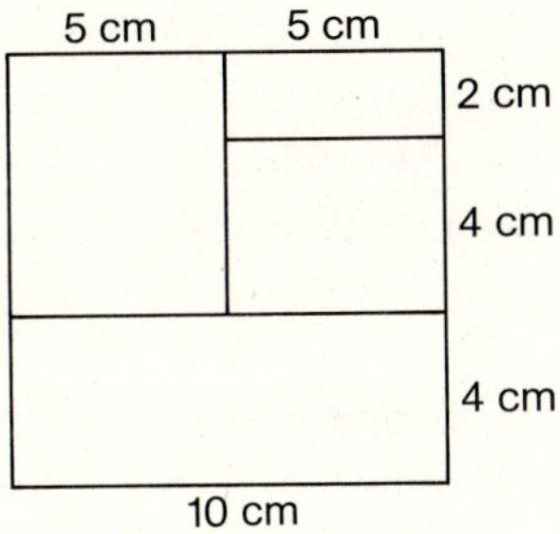

Daraus ergeben sich die in der Abbildung eingetragenen Seitenlängen.
Der Umfang des kleinsten Rechtecks beträgt 14 cm, der des größten 28 cm.

54. Aufgabe

Längs einer Kante des großen Würfels liegen 5 kleinere. Von den insgesamt 125 haben die 27 Würfelchen des inneren $3 \times 3 \times 3$ Würfels keinen Anteil an der Oberfläche des großen Würfels. Ihre Färbung braucht deshalb nicht beachtet zu werden.
Den Würfel kann man in fünf Schichten zerlegen. Die erste und die fünfte Schicht haben die gleiche Farbverteilung. (Abb. a)
Die zweite und vierte Schicht sind ebenfalls gleich gefärbt. Die Farben der neun Würfel in der Mitte spielen jedoch keine Rolle. (Abb. b)
Die mittlere Schicht wiederum entspricht in der Verteilung der äußeren Farbwürfel der ersten und fünften Schicht. (Abb. c)

Abb. a

Abb. b

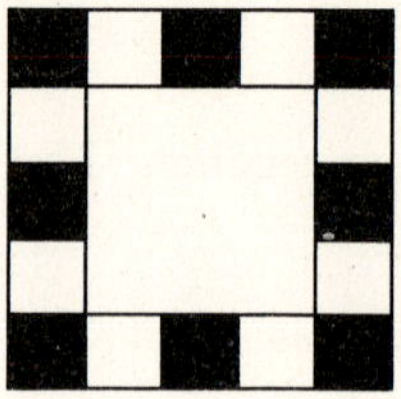
Abb. c

Durch Abzählen erhält man als Mindestanzahl 50 schwarze und 48 weiße Würfel. Sind die Eckwürfel weiß gefärbt, so vertauscht man die errechneten Zahlwerte.

55. Aufgabe

Bei einem Würfel mit der Kantenlänge a cm liegen a Würfelchen längs einer Kante. Die Anzahl der kleinen Würfelchen beträgt $a \cdot a \cdot a$ und die Anzahl der sichtbaren Flächen der kleinen Würfelchen $6 \cdot a \cdot a$.
Die Anzahl der kleinen Würfelchen ist gleich der Anzahl der sichtbaren Flächen für

$$a \cdot a \cdot a = 6 \cdot a \cdot a.$$

Die Zahl 6 ist die einzige positive Lösung.
Die Anzahl der Würfelchen beträgt dann 216.
Die Anzahl der sichtbaren Seitenflächen ist gleich der Hälfte, einem Drittel, einem Viertel ... der Anzahl aller Würfelchen, wenn die Gleichungen gelten:

$$\begin{aligned} a \cdot a \cdot a &= (6 \cdot a \cdot a) \cdot 2 \\ a \cdot a \cdot a &= (6 \cdot a \cdot a) \cdot 3 \\ &\vdots \\ a \cdot a \cdot a &= (6 \cdot a \cdot a) \cdot n \end{aligned}$$

Für positive ganze Zahlen a ist die Bedingung nur erfüllt, wenn $a = 6 \cdot n$ ist.
Die Zahl a ist also ein Vielfaches von 6. Der Kehrwert von n beschreibt den geforderten Bruchteil.

56. Aufgabe

Die obere Begrenzungsfläche des kleinen Würfels ist inhaltsgleich zum *verdeckten* Anteil der oberen Begrenzungsfläche des großen Würfels.
Deshalb muß die Summe der Flächeninhalte der vier seitlichen Begrenzungsflächen des kleinen Würfels mit dem Inhalt der Grundfläche des großen Würfels übereinstimmen. Für die Kantenlänge b folgt daraus die Bedingung:

$$4b^2 = 144$$
$$b^2 = 36$$

Die Kantenlänge des kleinen Würfels beträgt 6 cm und ist damit halb so groß wie die des großen Würfels.

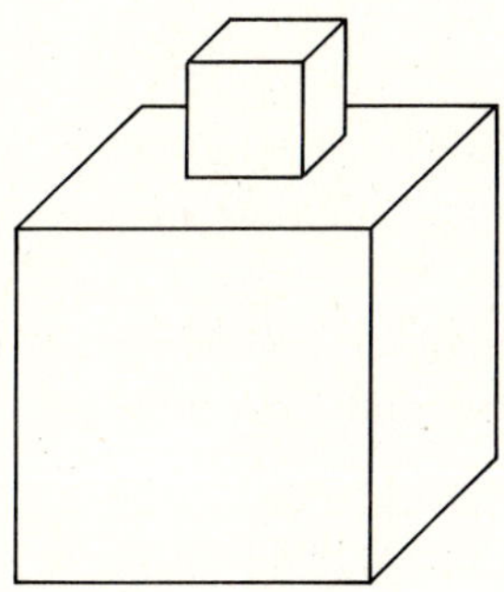

57. Aufgabe

Subtrahiert man das Volumen der vier entfernten Würfel vom Gesamtvolumen, so erhält man für das Volumen des Restkörpers

$$243\,\text{cm}^3 (= 343\,\text{cm}^3 - 1\,\text{cm}^3 - 8\,\text{cm}^3 - 27\,\text{cm}^3 - 64\,\text{cm}^3).$$

Die Oberfläche des Restkörpers beträgt 276 cm^2.

Den Oberflächeninhalt kann man durch Abzählen der Quadrate ermitteln. Schneller und eleganter kommt man zu diesem Ergebnis, wenn man sich verdeutlicht, daß nur bei der Sicht von rechts bzw. links jeweils ein 3×3 Quadrat fehlt, während man bei der Sicht aus den vier anderen Richtungen unverändert 49 Quadrate – allerdings in verschiedenen Ebenen – sehen kann. Daraus folgt

$$O = 6 \cdot 49\,\mathrm{cm}^2 - 2 \cdot 9\,\mathrm{cm}^2 = 276\,\mathrm{cm}^2.$$

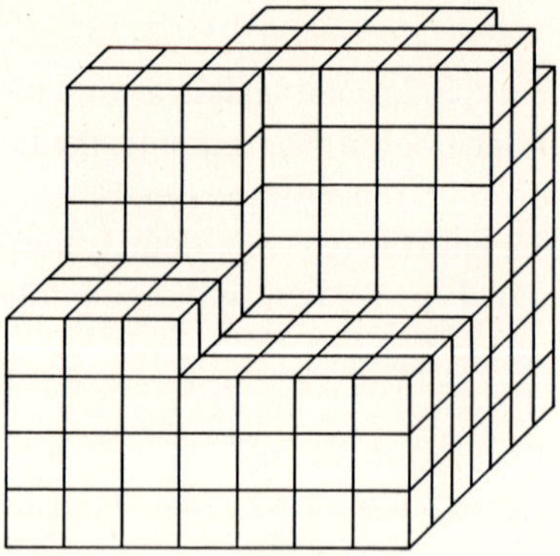

58. Aufgabe

Die nachfolgenden Zeichnungen geben die acht verschiedenen Körper wieder. Dabei ist zu beachten, daß die Körper 7 und 8 zwar mathematisch durch eine Spiegelung an einer Ebene im Raum aufeinander abgebildet werden können. Es gibt aber keine Möglichkeit, dies durch Drehung und Verschiebung zu realisieren.

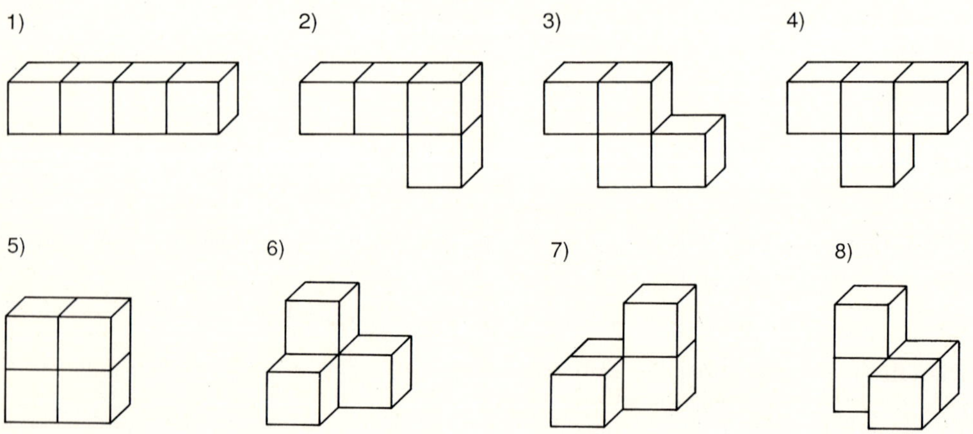

59. Aufgabe

Die beiden Bilder geben die Lösungen der gestellten Aufgabe an.

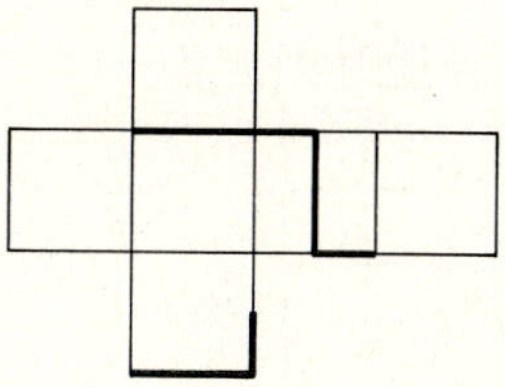

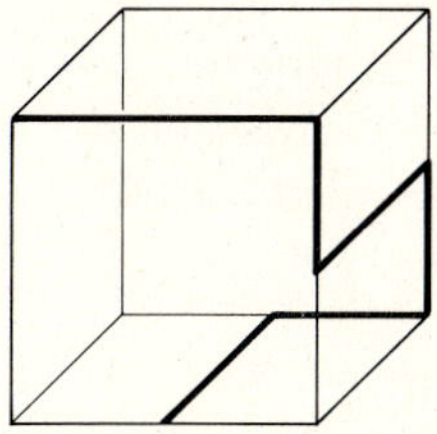

60. Aufgabe

Schaut man von C' in Richtung A, so ergibt sich die folgende Ansicht des Restkörpers.

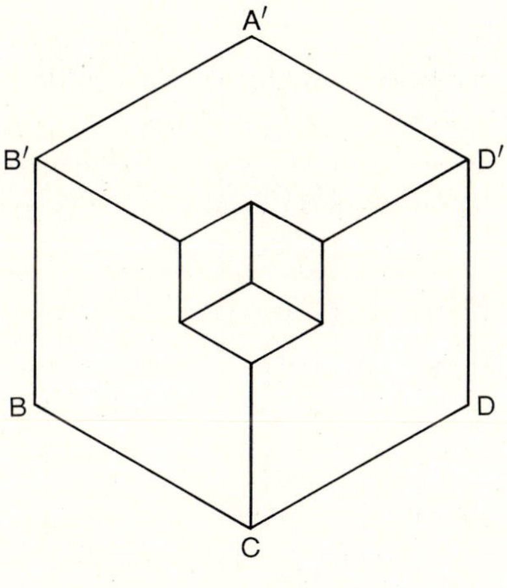

61. Aufgabe

Bildet man die Differenzen

$$100\,001 - 100\,000$$
$$100\,003 - 100\,002$$
$$\vdots$$
$$999\,999 - 999\,998,$$

so ist deren Wert jeweils 1.

Es gibt 450 000 solcher Differenzen.
Diese Anzahl erhält man aus dem Ansatz $(999\,999 - 100\,001) : 2 + 1$.
Der Unterschied zwischen der Summe der ungeraden und der geraden sechsstelligen Zahlen beträgt also 450 000.

62. Aufgabe

Die Bedingung der Aufgabenstellung kann in der Form

$$a + b = c = d + e$$

geschrieben werden.
Berücksichtigt man die Bedingung $a \neq 0$, so kann die Hunderterziffer c die Werte 1, 2, 3, ..., 9 annehmen. Die Anzahl der Möglichkeiten für jeden Ziffernwert von c sind in der nachfolgenden Tabelle zusammengefaßt.

c	Kombinationen (a/b)	(d/e)	Anzahl der Kombinationen
1	(1/0)	(1/0) (0/1)	$1 \cdot 2 = 2$
2	(2/0) (1/1)	(2/0) (1/1) (0/2)	$2 \cdot 3 = 6$
3	(3/0) (2/1) (1/2)	(3/0) (2/1) (1/2) (0/3)	$3 \cdot 4 = 12$
.	⋮	⋮	.
9	(9/0) (8/1) ⋮ (1/8)	(9/0) (8/1) ⋮ (1/8) (0/9)	$9 \cdot 10 = 90$

Die Gesamtzahl A aller fünfstelligen Zahlen $\overline{abcde}$ der vorgeschriebenen Form ist

$$A = 1 \cdot 2 + 2 \cdot 3 + 3 \cdot 4 + \cdots + 9 \cdot 10 = 330.$$

63. Aufgabe

Es gibt 900.000 sechsstellige Zahlen mit insgesamt 5.400.000 Ziffern.
Es muß nun bestimmt werden, wie oft jede der Ziffern 0, 1, 2, ..., 9 als Einerziffer, als Zehnerziffer usw. auftritt.
Mit Ausnahme der Ziffer an der Hunderttausenderstelle kann man an jeder Stelle eine der 10 Ziffern 0, 1, 2, ..., 9 wählen. An der Hunderttausenderstelle ist nur die Wahl unter den neun Ziffern 1, 2, ..., 9 zulässig.
Betrachten wir einmal die Einerziffer genauer.
Zu jeder Einerziffer kann man zehn Zehnerziffern, zehn Hundertziffern, ..., neun Hunderttausenderziffern wählen. Also gibt es $10 \cdot 10 \cdot 10 \cdot 10 \cdot 9$ sechsstellige Zahlen mit der Einerziffer 0, die gleiche Anzahl mit der Einerziffer 1 usw. ...
Eine ähnliche Überlegung gilt für die Zehner-, die Hunderter- ..., die Zehntausenderziffer.
Jede der 10 Ziffern tritt an den letzten fünf Stellen $5 \cdot 10 \cdot 10 \cdot 10 \cdot 10 \cdot 9 = 450\,000$ mal auf.
Für jede der neun zulässigen Hunderttausenderziffern ist dies etwas anders. Da es für jede der folgenden Ziffern zehn Möglichkeiten gibt, kommt jede der Hunderttausenderziffern 1, 2, ..., 9 genau in $10 \cdot 10 \cdot 10 \cdot 10 \cdot 10$ Zahlen vor.
Faßt man zusammen, so treten die Ziffern 1 bis 9 jeweils 550 000 mal in den Zahlen von 100 000 bis 999 999 auf.
Die Summe der Ziffern beträgt

$$550\,000 \cdot (1 + 2 + 3 + \cdots + 9) = 24\,750\,000.$$

64. Aufgabe

Die geringste Anzahl von Versuchen ist dann erforderlich, wenn der Händler bei jedem Versuch sofort zu jedem Schlüssel das passende Schloß findet. Dazu benötigt er 8 Versuche.
Im ungünstigsten Fall ist für den ersten Schlüssel erst das achte Schloß passend. Für den zweiten Schlüssel muß er dann noch sieben Versuche durchführen, um mit Sicherheit unter den verbleibenden sieben Schlössern das richtige zu finden; für den dritten Schlüssel bleiben dann noch sechs Möglichkeiten usw..

Insgesamt benötigt er im ungünstigsten Fall

$$8 \cdot 7 \cdot 6 \cdot 5 \cdot 4 \cdot 3 \cdot 2 \cdot 1 = 40\,320$$

Versuche.

65. Aufgabe

Will man sechs Kugeln gleicher Farbe haben, so können dies nur sechs rote oder sechs grüne Kugeln sein. Zur Lösung berücksichtigen wir zunächst einmal die drei schwarzen Kugeln nicht und gehen davon aus, daß sich nur die 8 roten und die 13 grünen Kugeln im Gefäß befinden.
Entnimmt man von diesen 21 Kugeln elf, so befinden sich unter ihnen mindestens sechs von einer Farbe. Berücksichtigt man nun wieder die drei schwarzen Kugeln, so kann es im ungünstigsten Fall dazu führen, daß sich unter den entnommenen Kugeln diese drei schwarzen befinden. Erhöht man die Anzahl der zu entnehmenden Kugeln um drei und zieht 14 Kugeln, so sind mindestens 11 davon rot oder grün. Unter diesen 11 Kugeln haben aber mindestens 6 die gleiche Farbe.

66. Aufgabe

Es gibt sechs Spielsteine, bei denen alle drei Felder den gleichen Wert haben.
Weiter gibt es $6 \cdot 5$ Steine, bei denen der Wert von zwei Feldern übereinstimmt. Alle diese Steine sind verschieden.
Es bleibt noch die Anzahl der Spielsteine zu bestimmen, bei denen die drei Werte verschieden sind.
Dazu kann man folgendermaßen vorgehen:
Bei der Wahl des ersten Wertes stehen 6 Möglichkeiten zur Verfügung. Für das im Uhrzeigersinn danebenliegende Feld kann noch einer der verbleibenden 5 Werte gewählt werden. Das letzte freie Feld kann mit einem der vier restlichen Werte belegt werden.
Dafür gibt es $6 \cdot 5 \cdot 4$ Möglichkeiten.
Dabei sind allerdings Belegungen, die im Sinne der Aufgabenstellung als gleich gelten, zunächst als verschiedene Möglichkeiten mehrfach gezählt worden.
Für das in der Aufgabenstellung genannte Beispiel bedeutet dies:

$$\begin{array}{ccc} 5-3-1 & 3-1-5 & 1-5-3 \\ 5-1-3 & 1-3-5 & 3-5-1 \end{array}$$

sind durch das Produkt $6 \cdot 5 \cdot 4$ als sechs verschiedene Fälle gezählt, stellen aber nur zwei verschiedene Spielsteine dar.

Die gleiche Überlegung gilt für alle anderen Belegungen mit drei verschiedenen Werten. Deshalb gibt es nur $6 \cdot 5 \cdot 4 : 3$ Möglichkeiten mit drei verschiedenen Werten. Die Gesamtzahl der möglichen Triominosteine beträgt also $6 + 30 + 40 = 76$. Die Gesamtzahl ist damit größer als die Steinezahl in den im Handel erhältlichen Spielen.

67. Aufgabe

Das angegebene Quadrat zeigt eine mögliche Lösung.

0	9	2
1	7	5
4	3	6

68. Aufgabe

a) Es gibt mehrere Lösungsmöglichkeiten. Eine von ihnen ist

4	7	9
1	3	7

b) Es gibt keine Lösung mit verschiedenen Ziffern.

Begründung
In den schraffierten Kästchen darf weder eine gerade Ziffer noch die Ziffer 5 stehen, da die Ziffern in diesen Kästchen als Einerziffer einer zweistelligen Zahl Verwendung finden.

Mehrstellige Zahlen mit den Einerziffern 0, 2, 4, 5, 6 und 8 sind aber keine Primzahlen. Für die fünf schraffierten Kästchen stehen deshalb nur die vier Ziffern 1, 3, 5 und 7 zur Verfügung. Es muß also mindestens eine Ziffer mehrfach vorkommen.

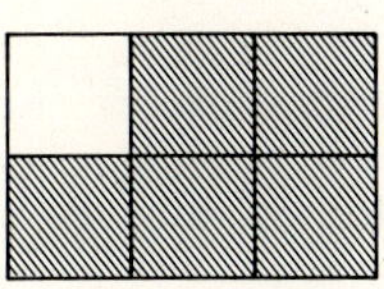

69. Aufgabe

Alle Zahlen, die durch 5 teilbar werden, wenn man 2 zu ihnen addiert, besitzen die Einerziffern 3 oder 8. Da die gesuchten Zahlen außerdem Primzahlen sein sollen, scheidet die Einerziffer 8 aus.
Subtrahiert man von der gesuchten Zahl den Wert 2, so besitzt die neue Zahl die Einerziffer 1 und soll durch 3 teilbar sein. Auf Grund der Quersummenregel für die Teilbarkeit durch 3 kommen von allen Zahlen kleiner als 200 nur die Zahlen 21, 51, 81, 111, 141, 171 in Frage.
Die daraus entstehenden Zahlen 23, 53, 83, 113, 143 und 173 sind bis auf 143 $(= 11 \cdot 13)$ alle Primzahlen.

70. Aufgabe

Wenn Jens bei der Division von 409 durch n den Rest 4 erhält, so muß $409 - 4$ ohne Rest durch n teilbar sein. Die Teilermenge von 405 lautet 1, 3, 5, 9, 15, 27, 45, 81, 135, 405.
Da sich bei Division von 281 durch n der Rest 2 ergab, muß n auch in der Teilermenge von 279 enthalten sein. Die Zahl 279 besitzt die Teiler 1, 3, 9, 31, 93, 279.
Von den gemeinsamen Teilern 1, 3, 9 kommt nur 9 in Frage, da der gesuchte Teiler n ja größer als die beiden angegebenen Reste 2 und 4 sein muß.

71. Aufgabe

Bezeichnet man die Anzahl der Stufen mit n und die Höhe der Treppe mit x in cm, so ergeben sich aus der Aufgabenstellung folgende Bedingungen:

a) n ist durch 24 teilbar; d.h. $n = 24 \cdot n' \quad (n, n' \in \mathbb{N})$

b) $x = 15 \cdot n$

c) $1500 \leq x \leq 2000$

Aus den Eigenschaften a) und b) folgt

$$x = 360 \cdot n'.$$

Da 1800 das einzige ganzzahlige Vielfache von 360 ist, das auch die Bedingung c) erfüllt, erhält man:

$$x = 1800, \qquad n' = 5, \qquad n = 120$$

Die Treppe ist demnach 18 m hoch und hat 120 Stufen. Da Fridolin die Hälfte der Stufen (60), ein Drittel des Restes (20) und dann noch ein Achtel der übriggebliebenen (5) bereits zurückgelegt hat, muß er noch weitere 35 Stufen steigen.

72. Aufgabe

Ergibt eine Zahl n bei Division durch 6 den Rest 0, 2 oder 4, so ist n in der Form $n = 6 \cdot k + r$ $(r \in \{0, 2, 4\})$ darstellbar und damit durch 2 teilbar. Also sind alle diese Zahlen – mit Ausnahme der Zahl 2 – keine Primzahlen.
Ergibt eine Zahl n bei Division durch 6 den Rest 3, so ist n durch 3 teilbar. Also sind alle diese Zahlen – mit Ausnahme der Zahl 3 – keine Primzahlen.
Die natürliche Zahl n $(n > 3)$ ist demnach höchstens dann Primzahl, wenn sie bei Division durch 6 den Rest 1 oder 5 ergibt.

73. Aufgabe

Für das Volumen V und die Gesamtkantenlänge L eines Quaders mit den Kantenlängen a, b und c gilt allgemein:

$$V = a \cdot b \cdot c$$
$$L = 4 \cdot (a + b + c).$$

Nach Aufgabenstellung gelten für die Kantenlängen folgende Bedingungen:

$$a, b, c, \in \mathbb{N}$$
$$a \cdot b \cdot c = 270$$
$$4 \cdot (a + b + c) = 80.$$

Die Primfaktorzerlegung von 270 lautet

$$270 = 2 \cdot 3 \cdot 3 \cdot 3 \cdot 5.$$

Wegen der vorgegebenen Kantenlänge sind die fünf Primfaktoren von 270 so zu drei natürlichen Zahlen a, b und c zu kombinieren, daß deren Summe 20 ergibt. Mit Ausnahme von Umbenennungen ist $a = 5$, $b = 6$ und $c = 9$ die einzige Möglichkeit.

74. Aufgabe

Ersetzt man jeden einzelnen der 25 Summanden einmal durch den größten $\frac{1}{25}$, das andere Mal durch den kleinsten Bruch $\frac{1}{49}$, so erhält man die behauptete Eigenschaft:

$$\frac{1}{25}+\frac{1}{26}+\frac{1}{27}+\cdots+\frac{1}{48}+\frac{1}{49}<$$
$$\frac{1}{25}+\frac{1}{25}+\frac{1}{25}+\cdots+\frac{1}{25}+\frac{1}{25}=\frac{25}{25}=1.$$

und

$$\frac{1}{25}+\frac{1}{26}+\frac{1}{27}+\cdots+\frac{1}{48}+\frac{1}{49}>$$
$$\frac{1}{49}+\frac{1}{49}+\frac{1}{49}+\cdots+\frac{1}{49}+\frac{1}{49}=\frac{25}{49}>\frac{1}{2}.$$

75. Aufgabe

Bei der Bestimmung der Winkelmaße nutzt man aus, daß nach Voraussetzung die Dreiecke ABC und AME rechtwinklig sind und das Dreieck BDM gleichschenklig mit der Basis BD ist. Außerdem sind die Seiten ME und BC des Viereckes $MBCE$ parallel, da sie beide orthogonal zur Geraden (AC) sind.
Die sich daraus ergebenden Winkelmaße sind in der Abbildung angegeben.

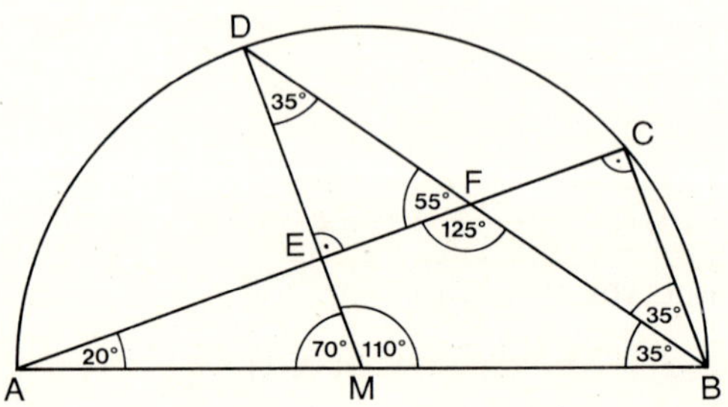

76. Aufgabe

Es sei AB diejenige Seite des Drachens, deren Länge mit der Diagonalenlänge a übereinstimmt. Aus Symmetriegründen gilt dann

$$\overline{AB}=\overline{AD}=a.$$

Das Dreieck ABD ist gleichseitig, woraus

$$\measuredangle BAD = 60°$$

folgt.
Die Dreiecke CAB und DAC sind jeweils gleichschenklig mit einem Winkel von 30° bei A. Aus dieser Eigenschaft folgt:

$$\measuredangle ADC = \measuredangle CBA = 75°.$$

Die Innenwinkel des Drachens haben die Maße 60°, 75°, 75° und 150°.

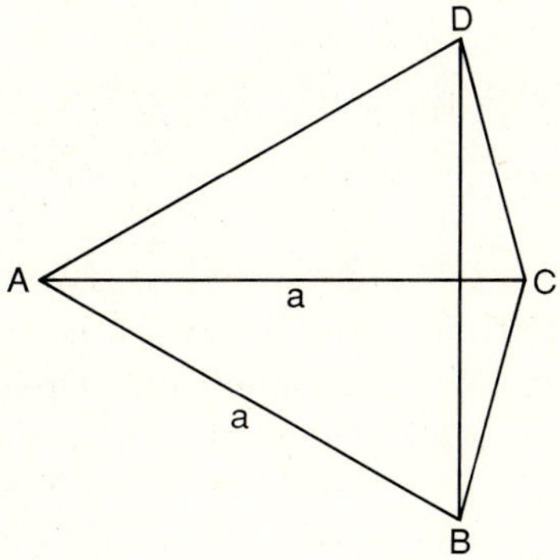

77. Aufgabe

Nimmt man an, daß das Dreieck nicht gleichschenklig mit der Basis AB ist, so fallen die Punkte D und E nicht zusammen. Ohne Einschränkung kann man annehmen, daß D zwischen A und E liegt. Es gilt dann auch $\alpha > \beta$.
Mit den Benennungen der Abbildung gilt:

$$\measuredangle DCE = \measuredangle ACE - \measuredangle ACD.$$

Mit

$$\begin{aligned}\measuredangle ACE &= \frac{1}{2}\gamma = \frac{1}{2}(180° - \alpha - \beta)\\ &= 90° - \frac{1}{2}(\alpha + \beta)\end{aligned}$$

und

$$\begin{aligned}\measuredangle ACD &= 180° - (90° + \alpha)\\ &= 90° - \alpha\end{aligned}$$

erhält man:

$$\measuredangle DCE = \alpha - \frac{1}{2}(\alpha + \beta) = \frac{1}{2}(\alpha - \beta).$$

Der Fall eines gleichschenkligen Dreiecks mit $\alpha = \beta$ ist in dieser Darstellung enthalten.

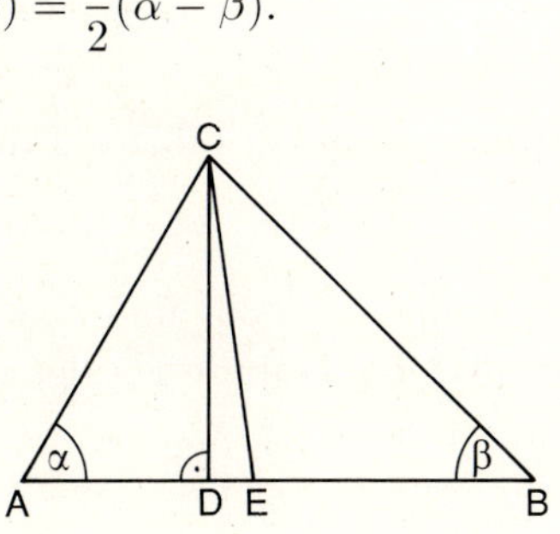

78. Aufgabe

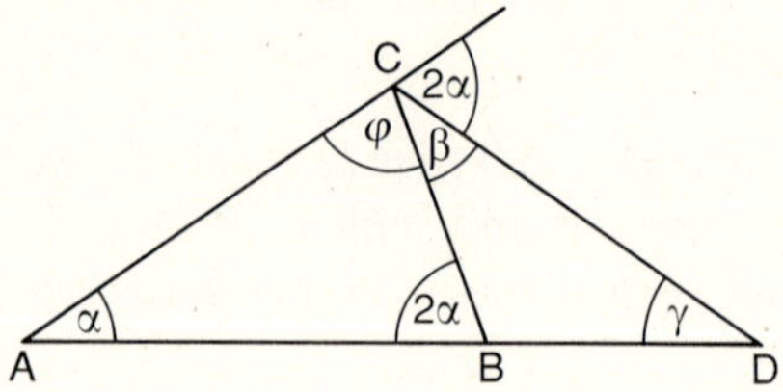

Wegen der Winkelsumme im Dreieck ABC kann φ durch $180° - 3\alpha$ dargestellt werden.
Die Winkel $180° - 3\alpha$, β und 2α ergänzen sich zu $180°$; also gilt $\beta = \alpha$.
Aus der Winkelsumme im Dreieck ADC folgt, daß γ ebenfalls mit α übereinstimmt.
Das Dreieck BDC ist deshalb gleichschenklig mit der Basis DC.

79. Aufgabe

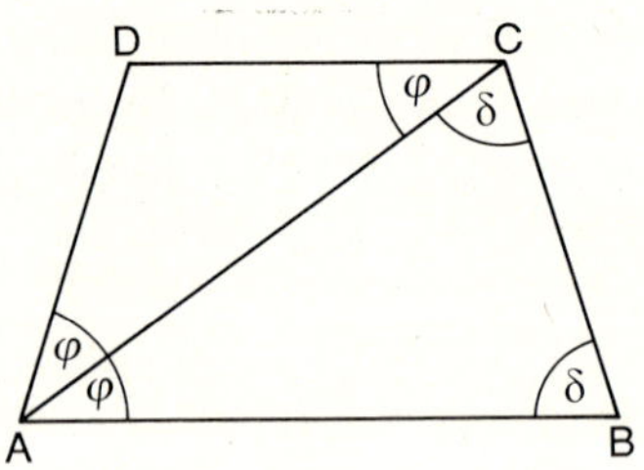

Eine Zerlegung des gleichschenkligen Trapezes durch eine Diagonale in zwei gleichschenklige Dreiecke ist nur möglich, wenn die kürzere der beiden parallelen Seiten mit der Schenkellänge und die Diagonalenlänge mit der Länge der größeren der beiden parallelen Seiten übereinstimmt.

Auf Grund der Winkeleigenschaften gleichschenkliger Trapeze und Dreiecke gelten die in der Abbildung eingetragenen Winkelbeziehungen. Daraus ergeben sich die beiden folgenden Bedingungen:

$$2 \cdot \delta + \varphi = 180°$$

$$\varphi = 180° - 2 \cdot \delta \qquad (*)$$

$$2 \cdot \varphi = \delta. \qquad (**)$$

Einsetzen von $(**)$ in $(*)$ führt auf die Gleichung

$$5 \cdot \varphi = 180°.$$

Daraus erhält man $\varphi = 36°$ und $\delta = 72°$.
Die Innenwinkel der Trapeze mit der geforderten Eigenschaft betragen $72°$ und $108°$.

80. Aufgabe

Bezeichnet man die Miete mit x und den Anteil, den der Hausbesitzer für sich behält mit a, so gilt bei einem 10 %-tigen Steueranteil

$$a = \frac{9}{10}x. \tag{1}$$

Erhöht er die Miete auf x', um auch nach der neuen Regelung den Betrag a für sich zu haben, so gilt

$$a = \frac{7}{8}x'. \tag{2}$$

Durch Gleichsetzen der beiden Bedingungen erhält man die Beziehung

$$x' = \frac{72}{70}x.$$

Um nach Abzug der Steuern den gleichen Betrag zu erzielen, muß der Hausbesitzer die Miete um $\frac{1}{35}$ erhöhen.

81. Aufgabe

Der angegebene Prozentsatz läßt sich als gemischtperiodische Dezimalzahl $0,0\overline{36856}$ darstellen.
Nach den Unwandlungsregeln gilt:

$$\begin{aligned} 0,0\overline{36856} &= \frac{1}{10} \cdot 0,\overline{36856} = \frac{1}{10} \cdot \frac{36856}{99999} \\ &= \frac{1}{10} \cdot \frac{136}{369} = \frac{68}{1845} \end{aligned}$$

An der Umfrage haben mindestens 1845 Jugendliche (oder ein ganzzahliges Vielfaches davon) teilgenommen, von denen 68 (oder ein entsprechendes Vielfaches) mit "ja" antworteten.

82. Aufgabe

Die gesuchte Zahl p soll sich in der Form

$$p = n^2 - 1 \qquad \text{mit} \qquad n \in \mathbb{N}$$

darstellen lassen.
Aus der Darstellung von p als

$$p = (n+1) \cdot (n-1)$$

und der Primzahleigenschaft von p folgen die Bedingungen

$$\begin{aligned} n+1 = 1 \quad &\vee \quad n-1 = 1 \\ n = 0 \quad &\vee \quad n = 2 \end{aligned}$$

Die erste Lösung entfällt, da $p = -1$ keine Primzahl ist.
Die Zahl $3 = (2^2 - 1)$ ist deshalb die einzige Primzahl, die um 1 kleiner als eine Quadratzahl ist.

83. Aufgabe

Die beiden ungeraden Zahlen a und b ($a > b$) lassen sich in der Form $a = 2m + 1$ und $b = 2n + 1$ ($m > n$, $m, n \in \mathbb{N}$) darstellen.
Für die Differenz ihrer Quadrate gilt:

$$\begin{aligned} (2m+1)^2 - (2n+1)^2 &= 4m^2 + 4m + 1 - (4n^2 + 4n + 1) \\ &= 4m^2 + 4m - 4n^2 - 4n \\ &= 4(m^2 - n^2 + m - n) \\ &= 4((m-n) \cdot (m+n) + m - n) \\ &= 4(m-n) \cdot (m+n+1) \end{aligned}$$

Sind m und n beide ungerade oder beide gerade, so ist der Term $m - n$ eine gerade Zahl.
Ist genau eine der beiden Zahlen m oder n gerade, die andere ungerade, so stellt $m + n + 1$ eine gerade Zahl dar.
Das Produkt $4(m-n) \cdot (m+n+1)$ ist deshalb mindestens durch 8 teilbar.

84. Aufgabe

Der Mittelpunkt M des Umkreises von $ABCD$ ist gleichzeitig der Diagonalenschnittpunkt und der Schnittpunkt der Mittellinien im Rechteck $ABCD$. Durch diese Mittellinien wird $ABCD$ in vier kongruente Rechtecke zerlegt. Aus der Gleichheit der Diagonalenlängen in diesen Teilfiguren ergibt sich unmittelbar

$$\overline{EF} = \overline{FG} = \overline{GH} = \overline{HE}$$
$$= \overline{MA} = \overline{MB} = \overline{MC} = \overline{MD} = r,$$

woraus die Behauptung folgt.

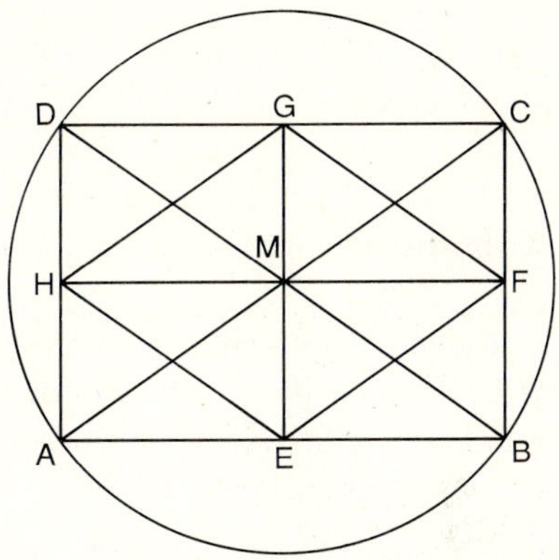

85. Aufgabe

In der Abbildung ist das gleichschenklige Trapez durch die Diagonale AC in zwei Dreiecke ABC und ACD zerlegt.

a) Die Verbindungsstrecken PQ und SR sind nach Konstruktion Mittellinien in diesen Dreiecken, deshalb sind sie parallel zu AC und somit auch parallel zueinander.
Außerdem sind die beiden Strecken PQ und SR als Mittellinien halb so lang wie die Strecke AC. Deshalb gilt $\overline{PQ} = \overline{SR}$. Entsprechend zeigt man $PS \parallel QR$ und $\overline{PS} = \overline{QR}$. $PQRS$ ist also zumindest ein Parallelogramm.

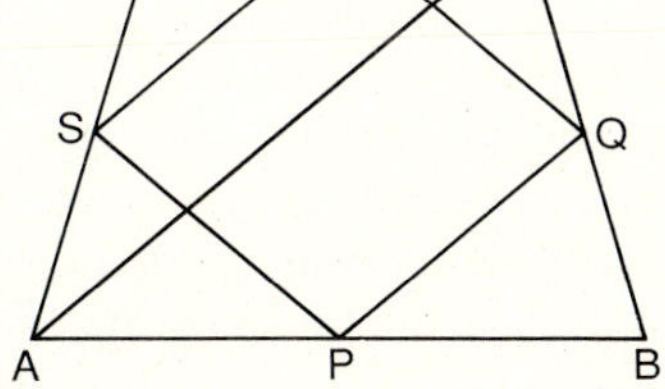

Das gleichschenklige Trapez ist achsensymmetrisch zu (PR). Durch Spiegelung an dieser Geraden wird die Seitenmitte S von AD auf den Mittelpunkt Q von BC abgebildet. Die Strecken SP und PQ einerseits sowie RQ und RS andererseits sind also ebenfalls gleich lang. Zusammen mit der Parallelogrammeigenschaft folgt, daß alle vier Seiten in ihrer Länge übereinstimmen und $PQRS$ eine Raute ist.

b) Diese Raute wird zu einem Quadrat, wenn die beiden Diagonalen gleich lang sind.

$$\overline{SQ} = \overline{PR} \quad \Leftrightarrow \quad 0,5(a + c) = h.$$

Die Summe der Streckenlängen der beiden parallelen Seiten muß ihrem doppelten Abstand entsprechen.

86. Aufgabe

Die Wahrscheinlichkeit läßt sich sowohl mit Hilfe eines Baumdiagramms und den Pfadregeln als auch durch die Bestimmung der Gesamtzahl aller möglichen Fälle und der Zahl der günstigen Fälle berechnen.

1. Lösungsweg
Bei einem idealen Würfel sind die sechs Ausfälle gleichwahrscheinlich.
Die Wahrscheinlichkeit beträgt $\frac{5}{6}$, beim zweiten Wurf *nicht* den gleichen Ausfall wie beim ersten Wurf zu erzielen. Beim dritten Versuch keine der beiden vorherigen Augenzahlen zu würfeln, wird durch den Quotienten $\frac{4}{6}$ beschrieben.
Entsprechend ist die Wahrscheinlichkeit $\frac{3}{6}$, beim vierten Wurf keine bisher erzielte Augenzahl nochmals zu erhalten. Trägt man diese Wahrscheinlichkeiten in ein Baumdiagramm ein, so erhält man nach der Pfadregel für die Gesamtwahrscheinlichkeit p:

$$p = \frac{5}{6} \cdot \frac{4}{6} \cdot \frac{3}{6} = \frac{5}{18}.$$

2. Lösungsweg
Notiert man die geworfenen Augenzahlen in der Reihenfolge ihres Erscheinens, so entsteht eine vierziffrige Zahl aus den Ziffern 1, 2, ..., 6. Es gibt insgesamt $6 \cdot 6 \cdot 6 \cdot 6 = 6^4$ verschiedene Zahlen.
Um die Anzahl der zulässigen Zahlen zu bestimmen, betrachten wir die Ergebnisse der vier Würfe in ihrer Reihenfolge. Beim ersten Wurf ist jede der sechs Ziffern günstig, beim zweiten Wurf sind es noch 5, dann 4 und schließlich sind es beim vierten Wurf nur noch drei günstige Ziffern. Die Anzahl der günstigen Zahlen beträgt somit $6 \cdot 5 \cdot 4 \cdot 3$. Da alle Wurfergebnisse gleichwahrscheinlich sind, gilt für die Wahrscheinlichkeit einer Würfelzahl aus vier verschiedenen Ziffern

$$p = \frac{6 \cdot 5 \cdot 4 \cdot 3}{6 \cdot 6 \cdot 6 \cdot 6} = \frac{5}{18}.$$

87. Aufgabe

Für die Wahrscheinlichkeit, mit der die Augensumme 11 oder 12 eintritt, ist entscheidend, durch wie viele Kombinationen jede Summendarstellung beschrieben werden kann.
Gehen wir von drei verschiedenfarbigen Würfeln (rot, grün, blau) aus, so ist die Summendarstellung $4 + 4 + 4$ nur dadurch zu erreichen, daß jeder der drei Würfel die Augenzahl 4 zeigt. Die Zahl 12 als Summe $1 + 5 + 6$ ist dagegen durch sechs verschiedene Kombinationen erreichbar, wie die folgende Tabelle zeigt.

rot	1	1	5	5	6	6
grün	5	6	1	6	1	5
blau	6	5	6	1	5	1

Die gleichen Überlegungen gelten für alle Darstellungen aus drei verschiedenen Summanden. Die Wahrscheinlichkeit, die Augensumme 12 in der Form $1+5+6$ zu erhalten, ist deshalb sechsmal so groß wie für die Form $4 + 4 + 4$.
Stimmen zwei Summanden überein, so ergeben sich jeweils drei verschiedene Kombinationen.
Betrachtet man unter diesem Gesichtspunkt die jeweils sechs Summendarstellungen für 11 und 12, so gibt es 27 Möglichkeiten für den Summenwert 11, aber nur 25 Möglichkeiten für den Summenwert 12.
Die Gewinnwahrscheinlichkeiten verhalten sich wie $27 : 25$ zugunsten von 11.

88. Aufgabe

Bezeichnet man das Werfen der gesetzten Zahl als "Treffer" und das Erscheinen einer anderen Zahl als "Niete", so läßt sich die Wahrscheinlichkeitsverteilung des Zufallsexperiments durch das folgende Baumdiagramm darstellen.

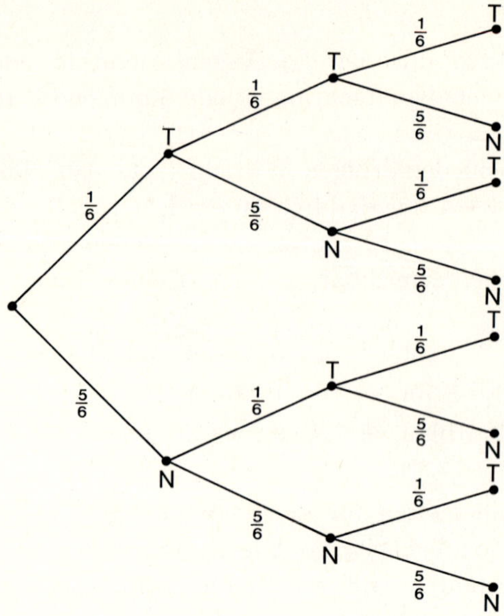

Nach den Pfadregeln berechnet man die Wahrscheinlichkeiten für das Eintreffen von 0, 1, 2 oder 3 Treffern und erhält:

kein Treffer: $p_0 = \frac{5}{6} \cdot \frac{5}{6} \cdot \frac{5}{6} = \frac{125}{216}$

ein Treffer: $p_1 = 3 \cdot \frac{5}{6} \cdot \frac{5}{6} \cdot \frac{1}{6} = \frac{75}{216}$

und entsprechend $p_2 = \frac{15}{216}$ bzw. $p_3 = \frac{1}{216}$.

Bei einem Einsatz von 1 DM gewinnt die Mathematik-AG im ersten Fall 1 DM, in den anderen Fällen verliert sie 1 DM, 2 DM bzw. 3 DM.
Der Erwartungswert für einen Gewinn aus der Sicht der Arbeitsgemeinschaft beträgt demnach

$$\frac{125}{216} \cdot 1\,\mathrm{DM} - \frac{75}{216} \cdot 1\,\mathrm{DM} - \frac{15}{216} \cdot 2\,\mathrm{DM} - \frac{1}{216} \cdot 3\,\mathrm{DM} \approx 0{,}08\,\mathrm{DM}.$$

Die Mathematik-AG kann auf lange Sicht mit einem durchschnittlichen Gewinn von etwa 8 Pf pro Spiel rechnen.

89. Aufgabe

Nach Aufgabenstellung soll die Bedingung gelten:

$$\frac{a+n}{b-n} = \frac{b}{a}.$$

Multipliziert man mit dem Hauptnenner, so entsteht die Gleichung

$$\begin{aligned} a^2 + an &= b^2 - bn \\ (a+b) \cdot n &= b^2 - a^2 \\ (a+b) \cdot n &= (b+a)(b-a). \end{aligned}$$

Da a und b natürliche Zahlen sind, ist $a+b$ größer als Null und die Division durch $a+b$ möglich. Man erhält:

$$n = b - a.$$

Die Gleichung ist in $\mathbb{N}$ genau dann lösbar, wenn $b > a$ ist. Die einzige Lösung lautet dann $n = b - a$.

90. Aufgabe

Setzt man für die beiden Brüche $\frac{a}{b}$ und $\frac{b}{a}$, so erhält man durch Umformung schrittweise:

$$\begin{aligned} \frac{a}{b} + \frac{b}{a} &= \frac{a^2+b^2}{ab} \\ &= \frac{a^2+b^2-2ab+2ab}{ab} \\ &= \frac{(a-b)^2}{ab} + 2 \end{aligned}$$

Der Bruch $\frac{(a-b)^2}{ab}$ ist für alle positiven Zahlen a und b größer oder gleich null. Dadurch ist der Gesamtwert mindestens 2.
Das Gleichheitszeichen gilt, wenn a und b gleich sind.

91. Aufgabe

Bezeichnet man die fünf aufeinanderfolgenden Zahlen mit $n-2$, $n-1$, $n, n+1$, $n+2$ und bildet ihre Quadrate, so beträgt deren Summe $5n^2+10$ bzw. $5\cdot(n^2+2)$, wie man leicht nachrechnen kann.
Der Term $5\cdot(n^2+2)$ stellt höchstens dann eine Quadratzahl dar, wenn n^2+2 durch fünf teilbar ist. Die Einerziffer von n^2+2 müßte dann 0 oder 5 sein. Beides ist nicht möglich, da alle Quadratzahlen auf 0, 1, 4, 5, 6 oder 9 enden. Der Term n^2+2 endet somit auf 2, 3, 6, 7, 8 oder 1.

92. Aufgabe

Der Term $2p+1$ ist für alle Primzahlen p ungerade. Dies bedeutet, daß auch die Basis der Kubikzahl ungerade sein muß. Stellt man diese Basis in der Form $2n+1$ dar, so erhält man die Bedingung

$$\begin{aligned}(2n+1)^3 &= 2p+1\\ 8n^3+12n^2+6n+1 &= 2p+1\\ 4n^3+6n^2+3n &= p\\ n\cdot(4n^2+6n+3) &= p\end{aligned}$$

Da p nach Voraussetzung eine Primzahl ist, folgt $n=1$ und damit $p=13$.

93. Aufgabe

Trage auf der Strecke DC einen Punkt P mit $\overline{DP} = 5$ cm ab. Zerschneide das Parallelogramm längs der Strecke AP.
Verschiebe nun das Dreieck APD so, daß der Bildpunkt P' von P auf der Geraden (BC) liegt.
Durch diese Parallelverschiebung ist $D'P'$ parallel zu AB.

Die Parallele zu BC durch D' schneidet AB im Punkt Q. Auf Grund der Konstruktion gilt

$$\overline{DP} = \overline{QB} = 5\,\text{cm}$$

und

$$\overline{AQ} = \overline{PC} = 1\,\text{cm}.$$

Die Dreiecke AQA' und $CP'P$ sind kongruent, denn die Winkelmaße stimmen auf Grund der Parallelität der Geraden überein und die Seiten AQ und PC sind gleich lang. Trennt man das Dreieck AQA' längs der Strecke QA' ab, so paßt es lückenlos und überschneidungsfrei in das freie Feld PCP'.

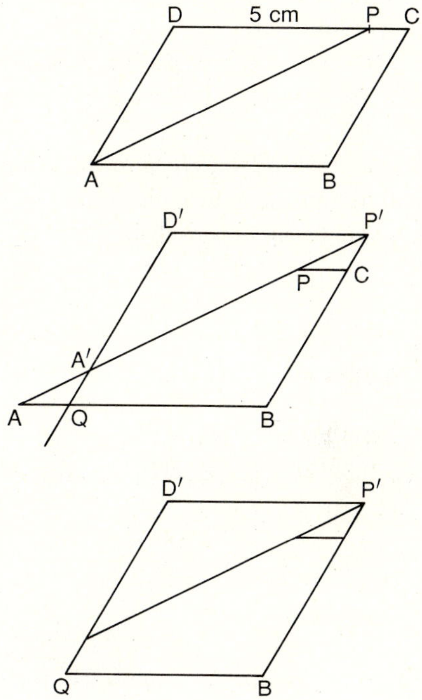

94. Aufgabe

Bei den Benennungen der Winkel in der nebenstehenden Abbildung sind die Aussagen der Aufgabenstellung über die Winkelhalbierenden bereits berücksichtigt.
Aus der Winkelsumme im Viereck $ABCD$ bzw. der Winkelsumme in den Teildreiecken ergeben sich folgende Bedingungen:

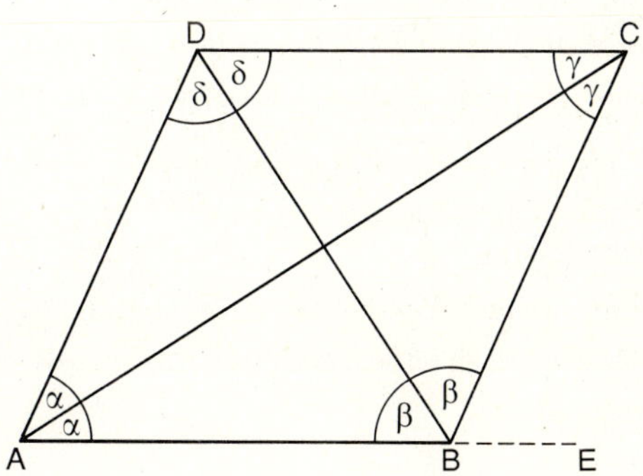

1) $2\alpha + 2\beta + 2\gamma + 2\delta = 360°$

2) $2\gamma + \beta + \delta = 180°$

3) $\alpha + \gamma + 2\delta = 180°$

Subtrahiert man das Doppelte der zweiten bzw. dritten Bedingung von der ersten, so erhält man:

$$2\alpha - 2\gamma = 0^\circ \quad \text{bzw.} \quad 2\beta - 2\delta = 0^\circ$$
$$\alpha = \gamma \quad \text{bzw.} \quad \beta = \delta$$

Die Teildreiecke ABC, BCD, CDA und DAB sind jeweils gleichschenklig. Die vier Boote bildeten demnach eine Raute. Nimmt man noch die Zusatzinformationen hinzu, so folgt die Eigenschaft

$$\beta = \measuredangle DBA = \measuredangle CBD = \measuredangle EBC.$$

Da die drei Winkel zusammen einen gestreckten Winkel ergeben, gilt

$$\beta = 60^\circ,$$

woraus schließlich

$$\delta = 60^\circ, \qquad \alpha = 30^\circ \qquad \text{und} \qquad \gamma = 30^\circ$$

folgt.

95. Aufgabe

Durch eine Drehung um C mit dem Drehwinkel 60° wird A auf B und D auf E abgebildet. Durch diese Drehung geht die Strecke AD in die Strecke BE über. Dies bedeutet insbesondere, daß diese Strecken gleich lang sind und daß der Mittelpunkt P von AD auf den Mittelpunkt Q von BE abgebildet wird.

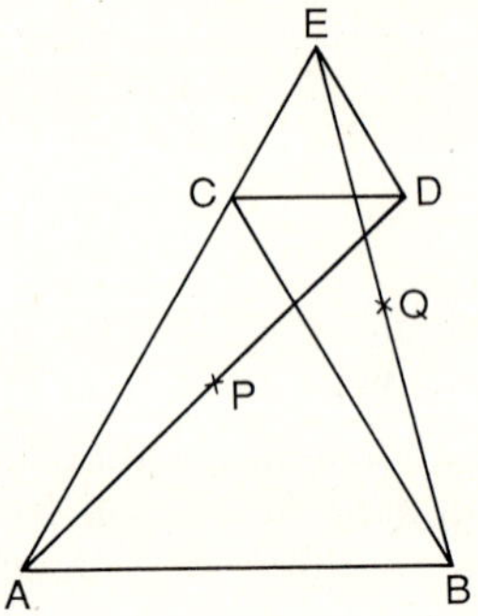

Da P durch eine Drehung um C mit einem Drehwinkel von 60° auf Q abgebildet wird, folgt

I) $\measuredangle PCQ = 60^\circ$

II) $\overline{CP} = \overline{CQ}.$

Aus diesen beiden Eigenschaften ergibt sich die Gleichseitigkeit des Dreiecks PQC, da es gleichschenklig mit einem 60°-Winkel an der Spitze ist.
Eine andere Beweismethode nutzt die Kongruenz der Dreiecke ADC und BEC aus.

96. Aufgabe

a) Die Punktspiegelung des Parallelogramms am Schnittpunkt S seiner Diagonalen bildet das Parallelogramm auf sich selbst ab. Das Bild des gewählten Punktes P sei P'. Der Punkt Q aus der Aufgabenstellung fällt mit P' zusammen, da der Streckenzug von P über B und C nach P' genauso lang ist wie der Streckenzug von P' über D und A nach P. Beide Streckenzüge werden nämlich durch die Punktspiegelung am Diagonalenschnittpunkt abschnittsweise aufeinander abgebildet.

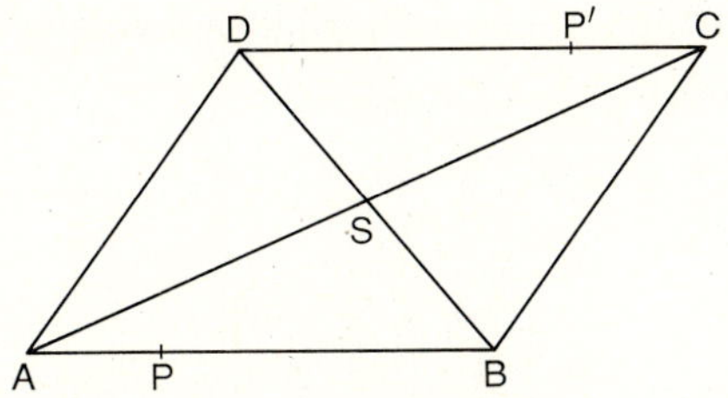

Die Verbindungsstrecke von Punkt P und Bildpunkt P' geht durch S.

Ein zweiter Lösungsweg nutzt die Kongruenz von Teilfiguren aus.
Nach Aufgabenstellung legt der Käfer eine Strecke der Länge $a + b$ zurück. Dies bedeutet, daß die Strecken AP und CQ gleich lang sind.

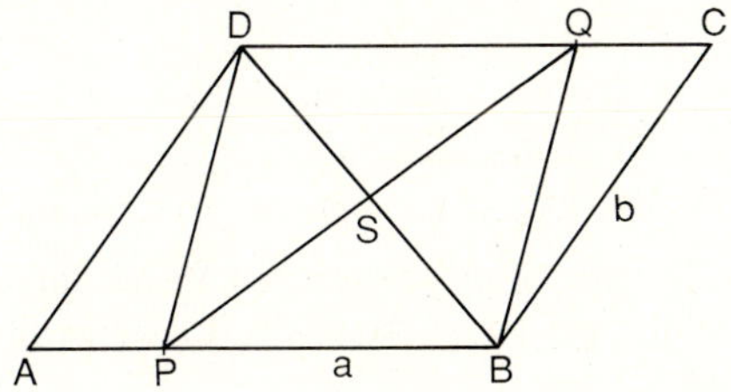

Da die Strecken PB und QD somit ebenfalls die gleiche Länge haben, bilden die Punkte P, B, Q und D ein Parallelogramm. Dessen Diagonalen schneiden sich in einem Punkt S. Als Mittelpunkt der Diagonalen DB ist S auch Schnittpunkt der beiden Diagonalen des Parallelogramms $ABCD$, da sich die Diagonalen eines Parallelogramms gegenseitig halbieren.
Daraus folgt $AC \cap BD \cap PQ = \{S\}$.

b) Die Gesamtlänge ℓ des Weges wird durch $\ell = a + b + \overline{PQ}$ bestimmt. Bei vorgegebenem Parallelogramm ist $a + b$ konstant, so daß die Gesamtlänge minimal wird, wenn $\overline{PQ}$ möglichst klein ist.

Die kürzeste Verbindung zweier Punkte auf parallelen Geraden ist eine zu diesen Geraden orthogonale Strecke. Da diese Strecke nach Teilaufgabe a) durch S geht, erhält man die Punkte P und Q durch den Schnitt der orthogonalen Geraden zu den Parallelogrammseiten durch S.
Von den beiden Orthogonalen zu den Parallelogrammseiten durch S schneidet mindestens eine ein Paar von gegenüberliegenden Strecken AB, BC, CD und DA im Innern.
Gibt es nur zwei innere Schnittpunkte, so wählt man einen von diesen als Ausgangspunkt.
Gibt es zwei Paare von Schnittpunkten, so wählt man einen Endpunkt der kürzeren Strecke als Ausgangspunkt.

97. Aufgabe

Die Wahrscheinlichkeit, mit einer normalen Münze Wappen zu werfen, ist $\frac{1}{2}$. Wiederholt man das Zufallsexperiment fünfmal, so erscheint mit einer Wahrscheinlichkeit von $(\frac{1}{2})^5$ fünfmal Wappen.
Das in der Aufgabenstellung beschriebene Zufallsexperiment besteht aus zwei Stufen:

Wahl einer Münze – fünfmaliges Werfen.

Die Wahrscheinlichkeit, eine normale Münze zu wählen und dann fünfmal Wappen zu werfen, beträgt

$$\frac{5}{6} \cdot \frac{1}{32} = \frac{5}{192}.$$

Die Wahrscheinlichkeit für die Wahl der Doppel-Wappen-Münze beträgt $\frac{1}{6}$. Da man bei dieser Wahl selbstverständlich mit jedem Wurf der Münze Wappen erzielt, beträgt auch die Wahrscheinlichkeit für die Wahl dieser Münze mit anschließendem fünfmaligen Werfen von Wappen $\frac{1}{6}$.
Wegen $\frac{1}{6} = \frac{32}{192}$ verhalten sich die beiden Wahrscheinlichkeiten wie $5 : 32$.
Wird nun nur das Ergebnis mitgeteilt, daß bei fünfmaligem Werfen fünfmal Wappen erzielt wurde, so handelt es sich mit einer Wahrscheinlichkeit von $\frac{5}{37}$ um eine normale und mit einer Wahrscheinlichkeit von $\frac{32}{37}$ um eine veränderte Münze.

98. Aufgabe

Zeichne ein Baumdiagramm für die Ziehungsergebnisse "rot" und "nicht rot". Die Wahrscheinlichkeit für den Ausgang "rot" beträgt $\frac{n}{5}$, wenn n der fünf Kugeln rot sind.

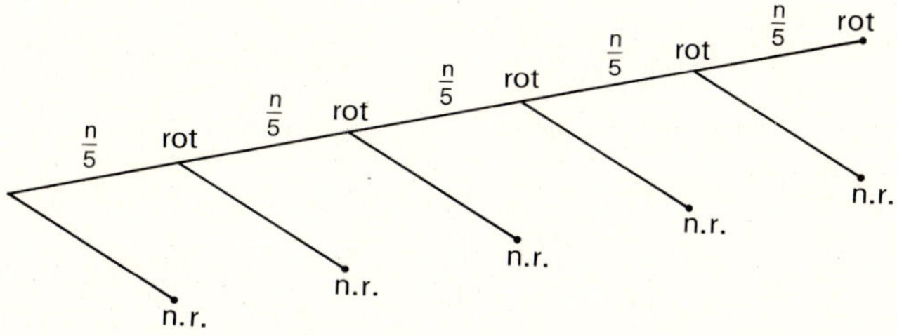

Befinden sich eine, zwei, drei, vier oder fünf rote Kugeln in dem Gefäß, so betragen die Wahrscheinlichkeiten p_i für das eingetretene Ereignis "alle gezogenen Kugeln sind rot" nach den Pfadregeln

$$p_1 = \left(\frac{1}{5}\right)^5 = \frac{1}{3125} \qquad p_2 = \left(\frac{2}{5}\right)^5 = \frac{32}{3125}$$

$$p_3 = \left(\frac{3}{5}\right)^5 = \frac{243}{3125} \qquad p_4 = \left(\frac{4}{5}\right)^5 = \frac{1024}{3125}$$

$$p_5 = 1$$

Die Wahrscheinlichkeiten verhalten sich also wie

$$1 : 32 : 243 : 1024 : 3125.$$

Die Wahrscheinlichkeiten, daß sich genau eine, zwei, ..., fünf rote Kugeln in dem Gefäß befinden, lauten:

Anzahl der roten Kugeln	1	2	3	4	5
Wahrscheinlichkeit	$\frac{1}{4425}$	$\frac{32}{4425}$	$\frac{243}{4425}$	$\frac{1024}{4425}$	$\frac{3125}{4425}$

99. Aufgabe

1. Lösungsweg
Die Zahlen der Abbildung geben an, wie viele verschiedene Wege bis zu der betreffenden Stelle des Diagramms führen.

1

1 1

1 2 1

1 3 3 1

1 4 6 4 1

1 5 10 10 5 1

6 15 20 15 6

21 35 35 21

56 70 56

126 126

252

Das Diagramm ist ein Ausschnitt aus dem Pascalschen Zahlendreieck. Es führen 252 verschiedene Wege vom "k" zum "p".

2. Lösungsweg
Jeder Weg vom "k" zum "p" besteht aus 10 Teilschritten, von denen fünf nach links (l) und fünf nach rechts (r) unten führen. Jedem zulässigen Weg ist genau eine Kombination aus $5 \times (l)$ und $5 \times (r)$ zugeordnet und umgekehrt.
Die Anzahl dieser Anordnungen wird durch

$$\binom{10}{5} = \frac{10 \cdot 9 \cdot 8 \cdot 7 \cdot 6}{1 \cdot 2 \cdot 3 \cdot 4 \cdot 5} = 252$$

beschrieben.

100. Aufgabe

1. Lösung
Bezeichnet man die beiden gesuchten natürlichen Zahlen mit a und b ($a > b > 0$), so lassen sich die Anweisungen der Aufgabenstellung wie folgt formulieren:

a) $a + b = n_1$

b) $a - b = n_2$

c) $a \cdot b = n_3$

d) $a : b = n_4$

Aus

$$n_1 + n_2 + n_3 + n_4 = 243$$

folgt

$$\begin{aligned} a + b + a - b + a \cdot b + a : b &= 243. \\ 2a + a \cdot b + a : b &= 243 \quad | \cdot b \\ 2ab + a \cdot b^2 + a &= 243b \\ a \cdot (b^2 + 2b + 1) &= 243b \\ a &= \frac{243b}{(b+1)^2}. \qquad (*) \end{aligned}$$

Die beiden aufeinanderfolgenden natürlichen Zahlen b und $b + 1$ sind immer teilerfremd. Deshalb sind auch b und $(b+1)^2$ teilerfremd zueinander. Da der Quotient eine natürliche Zahl darstellt, muß $(b + 1)^2$ ein Teiler von 243 sein.
Aus der Primfaktorzerlegung von 243, nämlich $243 = 3^5$, folgt, daß $(b + 1)^2$ eine Potenz von 3 mit einem Exponenten kleiner oder gleich 5 sein muß.
Daraus ergeben sich die beiden Lösungen

$$\begin{aligned} b + 1 = 3 \quad &\vee \quad b + 1 = 9 \\ b = 2 \quad &\vee \quad b = 8 \end{aligned}$$

Aus diesen beiden Lösungen für b ergeben sich zusammen mit $(*)$ für a die Werte $a = 54$ bzw. $a = 24$.

2. Lösung
Bezeichnet man die beiden gesuchten natürlichen Zahlen mit a und b $(a > b > 0)$, so ergeben die ersten drei Bedingungen $a + b$, $a - b$ und $a \cdot b$ ebenfalls natürliche Zahlen. Da die Summe der vier Zahlen aus $\mathbb{N}$ sein soll, muß auch der Quotient $a : b$ eine natürliche Zahl k sein.
Mit $a = k \cdot b$ lassen sich die Bedingungen der Aufgabenstellung wie folgt schreiben:

$$\begin{aligned} k \cdot b + b + k \cdot b - b + k \cdot b^2 + k &= 243 \\ 2kb + kb^2 + k &= 243 \\ k \cdot (b^2 + 2b + 1) &= 243 \\ k \cdot (b + 1)^2 &= 3^5 \end{aligned}$$

Aus der Bedingung $a, b, k \in \mathbb{N}$ und $a > b > 0$ folgen die beiden Möglichkeiten

$$\begin{aligned} (b + 1 = 9 \quad \wedge \quad k = 3\ ) \quad &\vee \quad (b + 1 = 3 \quad \wedge \quad k = 27) \\ (b = 8 \quad \wedge \quad a = 24) \quad &\vee \quad (b = 2 \quad \wedge \quad a = 54). \end{aligned}$$

101. Aufgabe

Dividiert man die natürlichen Zahlen durch 3 und betrachtet ihre Reste, so tritt immer einer der beiden folgenden Fälle ein.

a) Es gibt unter den fünf Zahlen mindestens drei, die bei der Division durch 3 den gleichen Rest ergeben.

b) Jeder der drei möglichen Reste tritt mindestens einmal auf.

Zum Nachweis betrachtet man eine Zerlegung der natürlichen Zahlen in drei Teilmengen entsprechend der Reste bei der Division durch 3. Versucht man die fünf Zahlen auf diese drei Teilmengen (Restklassen) zu verteilen, so tritt genau einer der oben genannten Fälle ein.

Fall 1
Wenn es drei Zahlen a, b, c mit dem gleichen Rest r gibt, so lassen sie sich in der Form

$$a = 3 \cdot n_1 + r; \qquad b = 3 \cdot n_2 + r; \qquad c = 3 \cdot n_3 + r$$

mit

$$n_1, n_2, n_3 \in \mathbb{N} \qquad \text{und} \qquad r \in \{0,\ 1,\ 2\}$$

darstellen.
Für ihre Summe erhält man dann

$$a + b + c = 3 \cdot (n_1 + n_2 + n_3) + 3 \cdot r = 3 \cdot (n_1 + n_2 + n_3 + r),$$

woraus sich die Teilbarkeit durch 3 ergibt.

Fall 2
Wählt man aus jeder Restklasse eine Zahl aus, so lassen sich diese in der Form

$$u = 3 \cdot m_1; \qquad v = 3 \cdot m_2 + 1; \qquad w = 3 \cdot m_3 + 2 \qquad \text{mit} \qquad m_1, m_2, m_3 \in \mathbb{N}$$

beschreiben.
Die Summe dieser drei Zahlen wird durch

$$u + v + w = 3 \cdot (m_1 + m_2 + m_3) + 1 + 2 = 3 \cdot (m_1 + m_2 + m_3 + 1)$$

dargestellt. Aus diesem Term ergibt sich unmittelbar die Teilbarkeit durch 3.

102. Aufgabe

Zur Lösung dieser Aufgabe betrachten wir die Reste von Quadratzahlen bei der Division durch 9. Führt man diese Division an einigen Beispielen durch, so erhält man stets die Reste 0, 1, 4 oder 7. Zum allgemeinen Nachweis dieser Eigenschaft betrachte man die Darstellung einer natürlichen Zahl n in der Form $n = 9 \cdot k + r$ mit $k \in \mathbb{N}_0$ und $r \in \{0, 1, 2, \ldots, 8\}$.
Bildet man nun n^2, so ergibt sich aus dieser Festlegung

$$n^2 = 81k^2 + 18kr + r^2.$$

Die ersten beiden Summanden sind für alle k und r durch 9 teilbar. Der Rest von n^2 bei der Division durch 9 stimmt deshalb mit dem Rest überein, der sich bei der Division von r^2 mit $r \in \{0, 1, 2, \ldots, 8\}$ ergibt. Für diese neun Zahlen weist man die oben angegebene Eigenschaft der Reste von r^2 durch Berechnen direkt nach.
Die Summe der drei Quadratzahlen kann nur dann durch 9 teilbar sein, wenn die Summe der Reste der drei einzelnen Quadratzahlen durch 9 teilbar ist. Dies ist nur in vier Fällen möglich:

I. Alle drei Quadratzahlen sind durch 9 teilbar.

II. Zwei Quadratzahlen ergeben den Rest 1, die andere den Rest 7.

III. Zwei ergeben den Rest 4, die andere den Rest 1.

IV. Zwei ergeben den Rest 7, die andere den Rest 4.

In allen vier Fällen gibt es mindestens zwei Quadratzahlen, die bei Division durch 9 den gleichen Rest ergeben. Bildet man die Differenz dieser beiden Zahlen, so ist diese durch 9 teilbar.

103. Aufgabe

Bezeichnet man die drei gesuchten natürlichen Zahlen mit a, $a+n$ und $a+m$ und gilt $0 \leq n \leq m$ $(n, m \in \mathbb{N}_0)$, so kann man die Bedingung der Aufgabenstellung in der Form schreiben

$$a \cdot (a+n) \cdot (a+m) = a + a + n + a + m$$
$$a^3 + a^2 \cdot (n+m) + a \cdot n \cdot m = 3a + n + m$$

Für $a > 1$ gilt $a^3 > 3a$ und $a^2 \cdot (n+m) > n+m$. Deshalb kann es nur dann eine Lösung geben, wenn a den Wert 1 annimmt. Die Bedingung lautet dann:

$$1 + n + m + n \cdot m = 3 + n + m.$$

Daraus ergibt sich die Bedingung $n \cdot m = 2$. Wegen $0 \leq n \leq m$ und $n, m \in \mathbb{N}_0$ gibt es nur die Lösung $n = 1$ und $m = 2$. Die drei gesuchten Zahlen lauten deshalb 1, 2, 3.

104. Aufgabe

Bezeichnet man die Anzahl der sichtbaren Stufen mit x und die Anzahl der Stufen, die pro Minute am oberen Ende der Rolltreppe verschwinden bzw. am unteren Ende erscheinen, mit y, so erhält man für die Fahrzeiten nach Aufgabenstellung folgende Bedingungen:

Markus: $t_1 = (x - 18) : y$

Jens: $t_2 = (x - 6) : y$

Aus der Darstellung der beiden Fahrzeiten t_1 und t_2 sowie aus der Bedingung $t_2 = 2 \cdot t_1$ folgt:

$$2 \cdot (x - 18) : y = (x - 6) : y$$
$$2x - 36 = x - 6$$
$$x = 30$$

Es sind also 30 Stufen sichtbar, wenn die Rolltreppe sichtbar ist.

105. Aufgabe

Man kann nachweisen, daß die Punkte R, A und P bzw. R, C und Q auf einer Geraden liegen und die Strecken RP und RQ gleich lang sind. Das Dreieck PQR ist dann gleichschenklig mit einem 60° Winkel an der Spitze.
Dieser Nachweis wird in drei Schritten erbracht.
Der Punkt P liegt nach Konstruktion auf der Geraden (RA), da die drei Innenwinkel der gleichseitigen Dreiecke bei A sich zu 180° ergänzen.
Zum Nachweis, daß der Punkt Q auf der Geraden (RC) liegt, betrachten wir die Dreiecke ABE und BQC. Diese Dreiecke sind kongruent, denn sie stimmen nach Konstruktion paarweise in zwei Seitenlängen $\overline{AB}$ und $\overline{BC}$ bzw. $\overline{BE}$ und $\overline{BQ}$ und dem von ihnen eingeschlossenen Winkel bei B überein, da für diese Winkel gilt:

$$\measuredangle EBA = 60^\circ - \measuredangle CBE = \measuredangle QBC.$$

Aus der Kongruenz der beiden Dreiecke folgt

$$\measuredangle BCQ = \measuredangle BAE = 60^\circ$$

und

$$\measuredangle RCQ = \measuredangle RCA + \measuredangle ACB + \measuredangle BCQ = 180^\circ.$$

Damit ist der Winkel RCQ ein gestreckter Winkel, und Q liegt auf der Geraden (RC).
Aus der Kongruenz der Dreiecke ABE und CBQ folgt weiter $\overline{AE} = \overline{CQ}$.
Da nach Konstruktion auch

$$\overline{AE} = \overline{AD} = \overline{AP} \qquad \text{und} \qquad \overline{RA} = \overline{RC}$$

gilt, folgt für die Längen von RP und RQ:

$$\overline{RP} = \overline{RA} + \overline{AP} = \overline{RC} + \overline{CQ} = \overline{RQ} \qquad \text{q.e.d.}$$

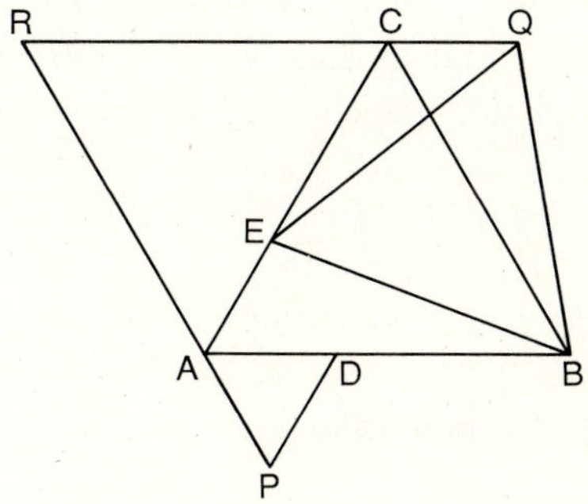

106. Aufgabe

Konstruktion

1) Die Gerade (AB) schneidet g im Punkt B'. Auf (AB) wird der Punkt A' so festgelegt, daß $\overline{A'B'} = \overline{AB}$ gilt.

2) Die Parallele zu g durch A' schneidet h in D.

3) Die Parallele zu (AB) durch D schneidet g in C.

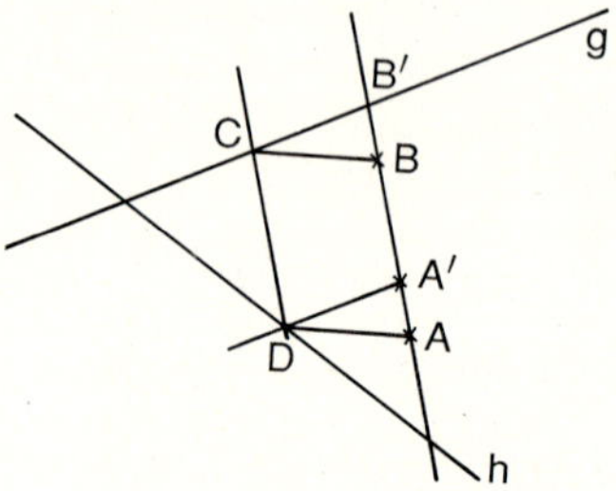

Begründung für die Richtigkeit der Konstruktion.

Nach Konstruktion gelten folgende Eigenschaften

$$(A'B') \parallel (DC) \qquad (1)$$

$$(A'D) \parallel g = (B'C) \qquad (2)$$

$$(A'B') \parallel (AB) \qquad (3)$$

$$\overline{A'B'} = \overline{AB} \qquad (4)$$

Aus den Eigenschaften (1) und (2) folgt, daß das Viereck $A'B'CD$ ein Parallelogramm ist.

Deshalb gilt insbesondere $\overline{DC} = \overline{A'B'}$. Verbindet man diese Gleichheit mit den Eigenschaften (3) und (4), so sind in dem Viereck $ABCD$ die gegenüberliegenden Seiten AB und CD parallel und gleich lang. Dies ist aber die Eigenschaft eines Parallelogramms.

107. Aufgabe

In jedem Dreieck gelten für die Seitenlängen x, y und z die Ungleichungen:

$$x + y > z \qquad y + z > x \qquad z + x > y.$$

Zeichnet man die Parallelen zu den Dreieckseiten durch die jeweils gegenüberliegenden Eckpunkte, so schneiden sich diese in den Punkten P, Q und R.

Auf Grund dieser Konstruktion sind die Vierecke $ABPC$, $ABCQ$ und $ARBC$ Parallelogramme. Ihre Diagonalen AP, BQ und CR haben die Längen $2 \cdot s_a$, $2 \cdot s_b$ bzw. $2 \cdot s_c$. Aus diesen Eigenschaften ergeben sich die in der Abbildung eingetragenen Streckenlängen. Wendet man die Dreiecksungleichungen auf die Teildreiecke der Figur an, so erhält man

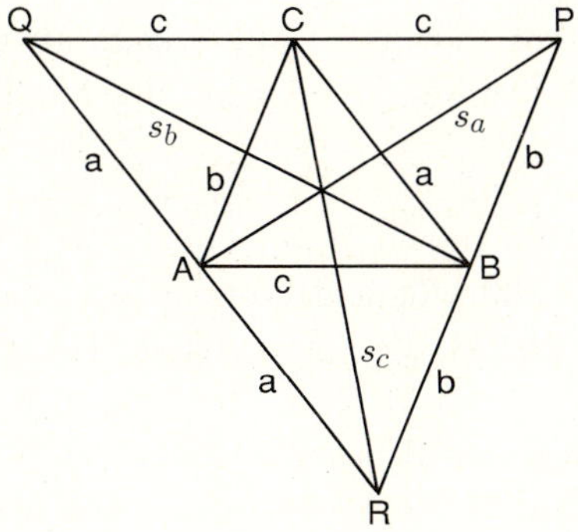

$$\triangle ABP \quad b + c > 2 \cdot s_a$$
$$\triangle ABQ \quad a + c > 2 \cdot 2_b$$
$$\triangle ARC \quad a + b > 2 \cdot s_c$$

Durch die Addition dieser drei Ungleichungen erhält man die Bedingung

$$2 \cdot a + 2 \cdot b + 2 \cdot c > 2 \cdot s_a + 2 \cdot s_b + 2 \cdot s_c$$
$$a + b + c > s_a + s_b + s_c \,.$$

108. Aufgabe

Die Dreiecksflächen haben genau dann keine gemeinsamen Punkte, wenn die Eckpunkte eines Dreiecks auf der Kreislinie benachbart sind. Die Eckpunkte des anderen Dreiecks weisen dann die gleiche Eigenschaft auf.

Die Punkte werden wie in der Abbildung mit P_1, P_2, …, P_6 bezeichnet. Durch die Auswahl von drei der sechs Punkte werden beide Dreiecke festgelegt. Zur Bestimmung der Wahrscheinlichkeit kann man die Grundmodelle der Kombinatorik oder ein geeignetes Baumdiagramm verwenden.

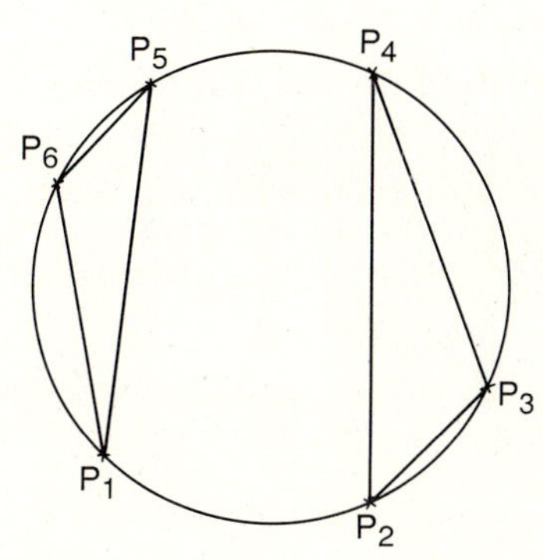

1. Lösungsweg
Die Auswahl der drei Punkte kann als ungeordnete Stichprobe ohne Wiederholung aufgefaßt werden. Die Anzahl der Möglichkeiten beträgt demnach

$$\binom{6}{3} = \frac{6 \cdot 5 \cdot 4}{1 \cdot 2 \cdot 3} = 20.$$

Bei diesen 20 Möglichkeiten ist jede Zerlegung in zwei Teilmengen zweimal berücksichtigt, da z.B. die Zerlegungen 245/136 und 136/245 als zwei verschiedene gezählt werden.
Es bleiben also 10 verschiedene Zerlegungen in zwei Teilmengen.
Bei dreien dieser 10 Möglichkeiten entsteht eine Zerlegung in zwei Teilmengen benachbarter Punkte:

123/456 234/561 345/612.

Setzt man voraus, daß jede Auswahl mit der gleichen Wahrscheinlichkeit getroffen wird, so erhält man als Wahrscheinlichkeit dafür, daß die Dreiecksflächen keine gemeinsamen Punkte aufweisen

$$p = \frac{3}{10} = 0,3.$$

2. Lösungsweg
Entsprechend der Problemstellung wird zunächst ein geeignetes Baumdiagramm aufgebaut.
Die Auswahl des ersten Punktes ist beliebig.

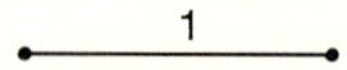

Bei der Wahl des zweiten Punktes unterscheidet man die Ausfälle

A:	benachbart	$p(A) = \frac{2}{5}$
B:	ein Zwischenpunkt	$p(B) = \frac{2}{5}$
C:	zwei Zwischenpunkte	$p(C) = \frac{1}{5}$

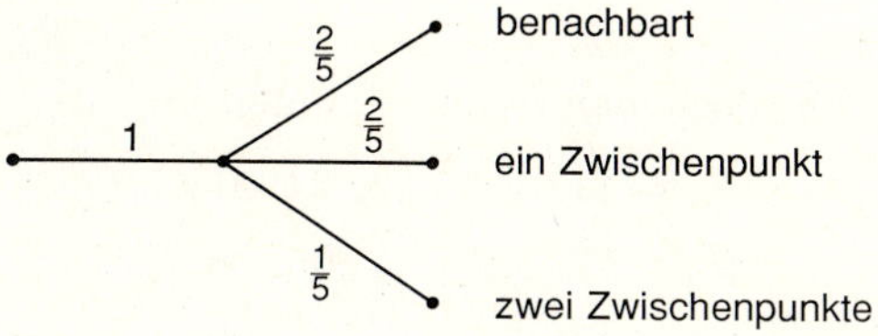

Beim dritten Durchgang ist eine Fallunterscheidung erforderlich. Waren die ersten beiden Punkte benachbart, so ist bei der Wahl des dritten zwischen "benachbart" und "nicht benachbart" zu unterscheiden. Gab es zwischen den ersten beiden Punkten einen Zwischenpunkt, so unterscheidet man "dazwischen liegend" und "nicht dazwischen liegend". Die jeweiligen Wahrscheinlichkeiten sind im folgenden Baumdiagramm eingetragen.
Gab es zwischen den beiden zuerst gewählten Punkten jeweils zwei Zwischenpunkte, so können durch die Wahl des dritten keine drei benachbarten Punkte entstehen.
Die beiden Fälle, bei denen sich drei benachbarte Punkte und damit zwei nicht überschneidende Dreiecke ergeben, sind im folgenden Baumdiagramm mit den zugehörigen Pfadwahrscheinlichkeiten stärker ausgezogen.

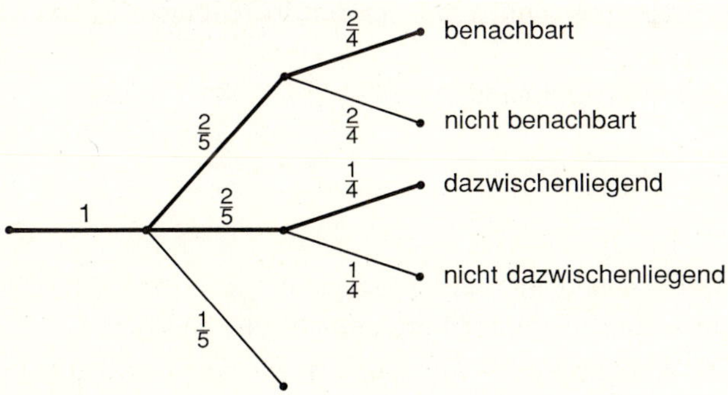

Für die Gesamtwahrscheinlichkeit erhält man aus dem Term

$$1 \cdot \frac{2}{5} \cdot \frac{2}{4} + 1 \cdot \frac{2}{5} \cdot \frac{1}{4} \qquad \text{wieder} \qquad \frac{3}{10}.$$

109. Aufgabe

Die vorgegebene Menge zerlegt man in drei Teilmengen

$$T_1 = \{1, 4, 7, \ldots, 94, 97\}$$
$$T_2 = \{2, 5, 8, \ldots, 95, 98\}$$
$$T_0 = \{3, 6, 9, \ldots, 96, 99\}.$$

Die drei Indizes von T_i geben gleichzeitig die Reste dieser Zahlen bei der Division durch 3 an.
Die Summe von drei dieser Zahlen ist genau dann durch 3 teilbar, wenn alle drei Zahlen zu der gleichen Teilmenge T_i gehören oder aus jeder Teilmenge genau eine Zahl entnommen wird.
Jede Teilmenge enthält 33 Elemente. Für eine Auswahl von drei verschiedenen Zahlen a, b und c aus einer Menge gibt es unter Berücksichtigung der Reihenfolge $33 \cdot 32 \cdot 31$ Möglichkeiten. Dabei wurden die sechs Kombinationen *abc*, *acb*, *bac*, *bca*, *cab* und *cba* als verschiedene Möglichkeiten gezählt. Die Anzahl der Möglichkeiten, aus einer Menge drei Zahlen ohne Berücksichtigung der Reihenfolge auszuwählen, beträgt somit

$$\frac{33 \cdot 32 \cdot 31}{6} = 5456$$

Für die Auswahl von je einer Zahl aus jeder der drei Mengen T_i ergeben sich $33 \cdot 33 \cdot 33$ Möglichkeiten.
Die Gesamtzahl A lautet demnach $A = 3 \cdot 5456 + 33^3 = 52\,305$.

110. Aufgabe

Wollte man die Spielpaarungen zufällig festlegen – d.h. ohne Einschränkungen nach regionalen Gesichtspunkten oder Überlegungen zur Spielstärke –, so könnte man die Namen der 18 Vereine jeweils auf ein Los schreiben und die 18 Namen in der Ziehungsreihenfolge untereinanderschreiben.
Dafür gibt es 18! $(= 18 \cdot 17 \cdot 16 \cdot \ldots \cdot 3 \cdot 2 \cdot 1)$ verschiedene Möglichkeiten.
Faßt man die ersten beiden Vereine als Spielpaarung A auf, die nächsten beiden als Paarung B usw. und vereinbart zudem, daß die zuerstgenannten Vereine Heimrecht haben, so wird dadurch ein Spieltag festgelegt. Bei dieser Art der Festlegung werden aber alle Permutationen der neun Begegnungen $A, B, C, \ldots, I$ als verschieden gezählt.
Da jedoch die Reihenfolge der Begegnungen ohne Bedeutung ist, muß man noch durch die Anzahl der Permutationen der Spielpaarungen $A, B, C, \ldots, I$ – also durch 9! dividieren.

Als Anzahl der verschiedenen Möglichkeiten bleibt dann der Quotient

$$18! : 9! = 17\,643\,225\,600.$$

111. Aufgabe

Der Spieler läßt aus der ersten Runde je einen Würfel mit der Augenzahl 1, 3 und 4 liegen und führt seinen zweiten Versuch noch mit zwei Würfeln durch.
Von den 36 möglichen Ausfällen (a/b) beim zweiten Versuch führen genau zwei – nämlich (2/5) und (5/2) – sofort zu einer "Großen Straße". Die Wahrscheinlichkeit dafür beträgt

$$p_1 = \frac{2}{36} = \frac{1}{18}.$$

Bei 18 weiteren Ausfällen war genau eine der noch ausstehenden Augenzahlen enthalten. Die Wahrscheinlichkeit, daß diese Situation eintritt *und* die fehlende Zahl im dritten Versuch mit einem Würfel dann geworfen wird, beträgt nach der Pfadregel

$$p_2 = \frac{18}{36} \cdot \frac{1}{6} = \frac{1}{12}.$$

Sechzehn Ausfälle des zweiten Versuches ergaben keine "verwertbare" Augenzahl. Die Wahrscheinlichkeit, daß dieser Fall eintritt und im dritten Versuch mit zwei Würfeln beide fehlenden Zahlen gewürfelt werden, berechnet sich aus

$$p_3 = \frac{16}{36} \cdot \frac{1}{18} = \frac{2}{81}.$$

Die Gesamtwahrscheinlichkeit für eine Große Straße nach dem vorgegebenen ersten Wurf ist die Summe der drei Einzelwahrscheinlichkeiten:

$$p = \frac{1}{18} + \frac{1}{12} + \frac{2}{81} = \frac{53}{324} \approx 0,164.$$

Die Gesamtwahrscheinlichkeit beträgt also etwa 16,4 %.

Anhang

Das Differenzenschema

Bei einer Reihe von Aufgaben zum Thema "systematisches Probieren" mußte das Bildungsgesetz einer Zahlenfolge bestimmt werden. Diese Zahlenfolgen entstanden beim experimentellen Lösen der gestellten Probleme für kleine natürliche Zahlen. Bei Aufgabe 38 ist z.B. die Anzahl der Gebiete zu bestimmen, in die die Zeichenebene durch n Geraden höchstens zerlegt werden kann. Führt man diese Zerlegung schrittweise durch und notiert die maximale Anzahl der Gebiete in Abhängigkeit von der Geradenzahl, so entsteht folgende Tabelle:

Anzahl der Geraden	1	2	3	4	5	6	7	$\cdots$	n
Anzahl der Gebiete	2	4	7	11	16	22	27	$\cdots$	?

Bei dem Problem eine Formel für die Anzahl der Gebiete in Abhängigkeit von der Geradenzahl n anzugeben, hilft häufig ein Lösungsverfahren weiter, das als Differenzenschema bezeichnet wird. Dazu bildet man eventuell mehrfach die Differenz von aufeinanderfolgenden Zahlen der gefundenen Urfolge und schreibt diese in der nachstehenden Form untereinander:

Anzahl der Geraden	1		2		3		4		5		6	
Urfolge	2		4		7		11		16		22	
1. Differenzfolge		2		3		4		5		6		7
2. Differenzfolge			1		1		1		1		1	

Im gewählten Beispiel ergibt die zweite Differenzenfolge (vermutlich) immer die gleiche Zahl – nämlich 1. Eine Urfolge mit dieser Eigenschaft bezeichnet man als arithmetische Folge zweiter Ordnung. Entsprechend gibt es auch arithmetische Folgen erster Ordnung, dritter Ordnung usw..
Bezeichnet man die konstante Zahl mit k, die erste Zahl der Urfolge mit a, die erste Zahl der ersten Differenzfolge mit b, die erste Zahl der zweiten Differenzfolge mit c usw., so erhält man

I) für eine arithmetische Folge erster Ordnung

Nummer des Folgeglieds	1		2		3		4		$\cdots$		n
Urfolge	a		$a+k$		$a+2k$		$a+3k$		$\cdots$		$a+(n-1)\cdot k$
1. Differenzfolge		k		k		k		k	$\cdots$	k	

II) für eine arithmetische Folge zweiter Ordnung

Folgeglied	1	2		3		4		5	
Urfolge	a	$a+b$		$a+2b+k$		$a+3b+3k$		$a+4b+6k$	$\cdots$
1. Diff.-Folge		b	$b+k$		$b+2k$		$b+3k$		$\cdots$
2. Diff.-Folge			k		k		k		$\cdots$

In beiden Beispielen erfolgte der Aufbau des Schemas von der konstanten Zahlenfolge unten zur Urfolge nach oben.
Im zweiten Beispiel erhält man als Bildungsgesetz für die Urfolge den Term $a + (n-1) \cdot b + \frac{(n-1) \cdot (n-2)}{2} k$.
Diese allgemeine Formel nimmt bei der Lösung von Aufgabe 38 die Form

$$\begin{aligned} 2 + (n-1) \cdot 2 + \frac{(n-1) \cdot (n-2)}{2} \cdot 1 &= 2 + 2n - 2 + \frac{1}{2}n^2 - \frac{3}{2}n + 1 \\ &= \frac{1}{2}n^2 + \frac{1}{2}n + 1 \end{aligned}$$

an.
Die allgemeinen Bildungsgesetze für die arithmetischen Folgen erster und zweiter Ordnung sind ihrerseits Teil einer weiteren Verallgemeinerung für arithmetische Folgen beliebiger Ordnung, die bereits Newton niedergeschrieben hat.
Beginnt man beim Nummerieren der gefundenen Folgeglieder mit 1, so läßt sich diese Verallgemeinerung in der Form

$$a + b \cdot (n-1) + c \cdot \frac{(n-1) \cdot (n-2)}{2} + d \cdot \frac{(n-1) \cdot (n-2) \cdot (n-3)}{2 \cdot 3} + \cdots$$

schreiben. Da bei arithmetischen Folgen ab einer Differenzenfolge schließlich einmal nur noch Nullen stehen, bricht die Formel ab.
Zum Abschluß dürfen aber zwei Schwachstellen des Differenzenschemas nicht verschwiegen werden.
Die aufgestellte Formel gilt nur unter der Voraussetzung, daß eine der Differenzenfolgen tatsächlich konstant ist. Da man jedoch nur über ein begrenztes Zahlenmaterial für kleine Werte von n verfügt, kann diese Eigenschaft niemals aus dem Differenzenschema alleine gefolgert werden.
Das gefundene Bildungsgesetz muß deshalb durch weitere Überlegungen bestätigt werden. Diese Bestätigung kann durch geometrische Überlegungen wie bei der Lösung zu Aufgabe 38 oder algebraische Umformungen wie bei Aufgabe 41 geschehen.
Es gibt auch Zahlenfolgen, wie z.B. 5, 10, 20, 40, 80, ..., die sich einer Lösung mit der oben vorgestellten Variante der Differenzenrechnung widersetzen.

Die Aufgaben 1 – 50 gehören zum Themenbreich „Systematisches Probieren“, die Aufgaben 51 – 111 zum Bereich „Vermischte Aufgaben“.

Register für die Klassenstufe 5

Übergeordnete Begriffe

Arithmetik

Geometrie

Register für die Klassenstufe 6

Übergeordnete Begriffe

Arithmetik

Geometrie

Register für die Klassenstufe 7

Übergeordnete Begriffe

Algebra

Geometrie

Register für die Klassenstufe 8

Übergeordnete Begriffe

Algebra

Arithmetik

Geometrie

Wahrscheinlichkeit/Kombinatorik

Register für die Klassenstufe 9

Übergeordnete Begriffe

Algebra

Geometrie